So weit so grün

Gedichte – Geschichten – Bilder

des Friedrichshainer Autorenkreises

So weit so grün

Gedichte – Geschichten – Bilder
1972 – 2014

herausgegeben von
Herbert Laschet Toussaint
für den Friedrichshainer Autorenkreis,
ehemals Zirkel schreibender Arbeiter
im Neuen Deutschland.

Einleitung

Anthologien muss man mögen oder auch nicht. Wer sie zu schätzen weiß, wird sich glücklich schätzen, gerade dieses Werk entdeckt zu haben. Was ist das? Es ist keine peinlich beschränkte Auswahl, aber auch kein wüstes Sammelsurium.

Fragt man sich nun, was diese umfangreiche Ansammlung von Texten verschiedenster Autoren im Innersten zusammenhält, so darf man sagen: Es ist die literarische Qualität. Diese Qualität hat der Friedrichshainer Autorenkreis, der 1972 als Zirkel schreibender Arbeiter der Druckerei „Neues Deutschland" gegründet wurde, seinem Leiter, Klaus-Dieter Schönewerk zu verdanken.

Klaus-Dieter Schönewerk war Kulturredakteur der Zeitung Neues Deutschland und zweifellos fachlich kompetent. Was ihn aber auszeichnete, war sein Einfühlungsvermögen, sein ebenso behutsamer wie konsequenter Umgang mit Menschen verschiedenster Charaktere. Wo es angebracht war, vermochte er dem zartesten literarischen Pflänzchen zur Blüte zu verhelfen. Aber er konnte auch ausmisten. Diskussionen über vorgetragene Texte zogen sich mitunter bis weit nach Mitternacht hin. Da auch Spötter in der Runde waren, mochte es wohl vorkommen, dass ein Autor, der allzu selbstverliebt sein Werk verteidigte oder es erklären wollte, von seinem Flügelrosse auf den Boden der Tatsachen zurückgeholt wurde, etwa mit dem Spruch:

„Ein Schreiber, der nicht schreiben kann,
gewöhnt sich leicht das Reden an."

Oder gar mit diesem:

"Was wegzulassen schadet selten, das kann für
ganze Werke gelten."

Das vorliegende Werk sollte weder weggelassen noch liegengelassen werden, sondern in die Hände aufgeschlossener Leser gelangen, gemäß dem Spruch eines der Autoren:

„ ... damit es Flügel kriege,
und nicht nur aus Papier,
und von den Lippen fliege,
vielleicht auch hin zu Dir."

Klaus Lettke

Klaus-Dieter Schönewerk (1942 – 2014)

Vorwort

In der vorliegenden Anthologie wölbt sich ein Bogen, den Schreibende gemeinsam poetisch spannten. Von Teilnehmern des Zirkels schreibender Arbeiter der Druckerei „Neues Deutschland" der DDR bis zum Friedrichshainer Autorenkreis liegen hier Texte aus mehr als vier Jahrzehnten vor, die Gedichte, Geschichten und Geschehen aufgriffen, metaphorisch verdichteten, philosophisch unterlegten, gesellschaftlich analysierten, phantastisch schmückten, sich ins Universale träumten, Abstraktes und Konkretes, Rationales und Sinnliches, Weibliches und Männliches, Kindliches und Sterbendes, Schreiendes und Flüsterndes, Missionarisches und sich selbst Genügendes, Schamloses und Verhüllendes miteinander verbanden. Professionell und Amateure sind hier literarisch miteinander versammelt und entdeckten, entwickelten und entäußerten auf einzigartige Art und Weise ihr poetisches Credo.

Klaus-Dieter Schönewerk, wir nannten ihn KD, war unser Lehrmeister des Dichtens. Er war grandioser Vermittler einer wahrhaftigen, zukunftsorientierten Ästhetik, ein Germanist und Journalist mit geheimnisvoller Aura, ein Kritiker mit Verve, selbst ein begnadeter Lyriker und ein großartiger Mensch. Wir schätzten und liebten ihn, jeder nach seinem Gusto. Als ich in den frühen 80ger Jahren des 20. Jahrhunderts zum Zirkel kam, entwickelte sich bei mir in freudiger Erwartung der Freunde ein eigentümliches Laufverhalten. Immer, wenn ich das Gebäude von weitem sah, wo wir uns jede zweite Woche gemeinsam trafen, verfiel ich unbewusst in den Laufschritt. Wir stritten mitunter bis in die Nacht hinein über die Texte.

Ach, wie warm mir heute noch um das Herz wird, wenn ich mich an unseren Auftritt 1986 bei den Arbeiterfestspielen in Magdeburg erinnere. Mit etwa 15 Zirkelfreunden standen wir vor Arbeitern der SKET-Werke in Magdeburg auf der Bühne und hatten das Vergnügen, ein Programm rund um die Liebe (Jazz, Lyrik, Prosa) zu gestalten.

Wir waren Leute, die die Leidenschaft zum Schreiben von Gedichten, Liedern und Geschichten verband. Da standen der Mathematiker neben dem Drucker, die Sekretärin neben der Richterin, die Chemikerin neben dem Lehrer, der Student neben der Physikerin; das Alter der Teilnehmer reichte von 16 bis 93 Jahren, wir waren Arbeiter des Dichtens.

Klaus-Dieter war unser Goldsucher, wusste Spreu und Weizen geschickt voneinander zu trennen. Er konnte den Kern eines Gedichtes zum Klingen bringen.

Die hier vorliegenden Texte wurden bei den Treffen in Anwesenheit unseres Lektors diskutiert. Für mich einzigartig.

Nun möchte ich die Schönewerks von uns allen in der „Zwischenwelt" (ein Zitat aus dem Epitaph von KD) grüßen.

Das Schöne Werk lebt fort.

Reinhard Johannes

Ingrid Allstedt

Briefe

Als ich sie
verbrannte:
Flüstern
in den Flammen
Unsere Liebe
Schall
und Rauch

Die Farben sterben

Vor dem Herbst
Die Lüge wärmt
Wie ein dünner Mantel
Im Winter

Ingrid Allstedt, Zeichnung von W. Schwieger

Die Luft

Ist gelb in Beijing
Die Straßen
Sind sauber –
Gestern
Haben sie einige
Erschossen
Buddha lächelt
Seine Mahlzeit ist ihm
Gewiss

Meine Mütze

Sitzt schief
Der Wind treibt mir Tränen ins Gesicht
Im Park sind die letzten Rosen längst erfroren
Der alte Ahornbaum kennt nur meinen Hund
Der ihn anpinkelt

In meinem Garten

I
Mittags
eine Ringelnatter
sonnt sich
Die blauen Stunden schlafen
im Baum
Auf dem Traumpfad
lauert
die große Schlange

II
Ich
entfache das Feuer
Die Dunkelheit
zerspringt
Schatten tragen
heiße Asche
in den Wind

Kleine grüne Fliege

Am Fenster der Straßenbahn
Eingekratzt
Diepgen vom Storch gebissen
Kastanien öffnen ihre Blüten
Steig mit mir aus
Kleine grüne Fliege
Scheiße
Liegt überall

Andacht

nach dem Holzschnitt von Masereel „Die Blumen des Bösen"

Ich bete
Die Blume des Bösen
Öffnet ihr Auge
Ein Kater lauert
Sein Schwanz
Hält den Mond
In Schach
Bis meine Brüste
Blühen

mensch!

Soldat bei der SS gewesen zu sein,
ist schlimmer,
als ein Soldat in der Türkei zu sein

Punker im Land zu sein,
ist schlimmer,
als rechts-militant zu sein

Geheimdienstmitarbeiter in der DDR
gewesen zu sein,
ist schlimmer,
als ein nicht verurteilter Faschist
in der BRD zu sein

Kurde in Deutschland zu sein
ist nicht so schlimm,
wie Kurde in der Türkei zu sein

Ein Magdeburger unter Punkern zu sein,
ist nicht so schlimm,
wie ein Punker in Magdeburg zu sein

DDR Bürger gewesen zu sein,
ist nicht so schlimm,
wie Ausländer in Deutschland zu sein

und schließlich:
ein Mensch auf dieser Erde zu sein,
ist nicht so schlimm,
wie eine Erde voller Menschen

Erlegen

den Zurückbleibenden gewidmet

dem Regen gleich
nach wirren Wegen
nun kühl und bleich
als ich es fand
hab ich verspürt wie es war
als dein kühles Haar
und deine Hand
an meinem Leibe waren
dieses Einzelne aus deinen Haaren
mit einer Farbe wie Sand

Strophen aus dem Zyklus MINTGRÜN

Manifest vorweg prototypische
exemplare unauffällig auffällig
Hinten abriegeln nach vorne aufwiegeln
mobile zivile demotivieren

Ein wannenbad in der menge zu nehmen
behelmte ordnungshüterrudel lungern
wittern brandherd im aufruhrgebiet
lassen wir uns gehen am spalier vorbei

Hass hasso hass! drei Proleten arier
dicke Hunde mit schlägervisagen

Schreihälse aufgedreht herum schubsen sie
nicht sofort gerissen ich bin bald hindurch

Pensionsansprüche blechnapf decke hund
kurzes zwischen hoch bahnen sonderkonto
einrichten und saniert wie geschmiert
die stulle volle pulle zug aus dem rohr

Treppenrollenspiele TUNNELBANDEL
du zu du mit ihr durch den basar der
sachte da ruht der platz die tauben alt und
grausam hören frieden langsam wieder mal

Ich es buntherum fliegt es wie jubel
bellt die stadt lau bekannt ich doch im grünen
vögeln auf masten ballone ein flugzeug
gepackt lechs nach verschlings aus den wolken

Ländliche Liegenschaften zierbeet belegt
hei-no ja-marika röck rumdösenbierseelig

Stefan Butt, Autor und Künstler

Mein planloses Leben

Mein planloses Leben ist planvoll geworden.
In meiner Küche sind Milch und Brot,
Käse und Wurst. Der Wein im Kühlschrank.
Die Fahne vorm Fenster ist ausreichend rot.
Manchmal jedoch scheint sie wieder geblichen,
Bin ich dem Guten mir nicht so gewiss.
Ist es noch immer die gleiche Fahne,
Da meine alte beim Umzug zerriss –?
Nimmt mir die Blässe der Fahne die Ruhe,
Härtet das Brot und säuert den Wein.
Hab' wieder ausgetretene Schuhe.
So es mir gut geht, komm ich zum Stehen;
Muss ich zerreißen den Fangstrick am Bein.
Um auf unserer Seite zu gehen.

Lesung bei den Arbeiterfestspielen
Michael Czollek

Schusterei

In der Straße Jacques Duclos
Steht eine Schusterei.
Wie viele Menschen gehen täglich
Blind an ihr vorbei

Was gibt es da schon zu sehen,
ist doch wahrlich nichts daran,
eben eine Schusterei,
von einem alten Mann –.

Ist noch in Fraktur geschrieben
Seine Öffnungszeit
Und ein altes Spannzeug steht
Im Schaufenster bereit.

Links im Fenster steht ein Schild
Mit alter, deutscher Schrift;
Garantie sechs Monate.
Was Wertarbeit betrifft.

Da ist kein Plakat zu finden
Und kein Spruch von unserer Kraft.
Ach, viele Worte war'n wohl niemals
Seine Eigenschaft.

In der Mitte aber steh'n
Zwei Fotos, schon recht grau.
Wird mir doch der Rücken kalt,
wenn ich auf sie schau:

Eine Frau und auch ein Mann,
der einen Zwicker trägt.
Die haben da noch nicht gewußt,
wer sie und wann erschlägt.

Wie lange stehen sie bei ihm –?
Vielleicht schon sechzig Jahr.
Zwölf Jahre hat er sie versteckt,
wo das Parteibuch war.

Vielleicht ist alles auch ganz anders
Pflanz' ich Bäume in den Wald,
aber eins ist sicher: Diese Bilder
sind bestimmt so alt.

Dezember 1978

Eigentlich

Eigentlich bin ich Jahre jetzt älter,
Eigentlich fehlt es noch immer an Kraft,
Eigentlich werden die Tage jetzt kälter,
Eigentlich habe ich wenig geschafft.

Eigentlich suchte ich alle die Jahre,
Eigentlich habe ich die Liebe verflucht.
Eigentlich fehlten mir Amseln und Stare:
Eigentlich hab' ich nur Dich gesucht.

Eigentlich war mein Lachen vorhanden,
Eigentlich, wenn ich sang, warst Du hier.
Eigentlich haben wir beide verstanden.
Eigentlich bin ich noch immer in Dir.

25.3.1980

Monolog des Klaus Störtebecker

Noch dreht die Erde sich im Kreis
Noch ist sie nicht für mich verloren
Noch wird mir kalt, noch wird mir heiß
Noch werd ich täglich neu geboren

Noch kann ich meine Meere sehn
Noch steigt die Möwe in den Himmel
Noch muss ich unter Waffen gehen
Der Tod jagt mich auf seinem Schimmel

Sooft er kam, ging ich durchs Land
Steh nicht mehr einsam vor dem Henker
Ist neben mir der neue Stand
Des Volks der Dichter und der Denker

Wenn fast mein Schiff im Sturm zerschellt
Ich werd mich in die Segel krallen
Ich gehe erst von dieser Welt
Wenn auch die letzten Mörder fallen

Die Erde ist noch nicht so kalt
Wie sie, wenn sie für mich verloren
Ich bin nicht jung, ich bin nicht alt
Ich werde täglich neu geboren

Mai 1982

Das Land zuletzt

Wo besuche ich Dein Grab Mutter
meines Vaters
frühe Angst
wir
glauben und verlier'n
unter meinen Astern
Reif
bleicht deinen Stein
und ich erzähle
knöpf' mirs Futter in
den Mantel
Nichtaltern war Vergeh'n
Trauer
jüngst die Narben
Nach Liebe frag' ich
deutscher Bruder
wie fühlst du dich
allein
was überstehst du
wenn du findest
schweigst du anders
deine Nächte
Leere Fähren setzen über
Land
ich fasse
deine Nähe nicht

СТРАНА НАПОСЛЕДОК
Где отыщу твою могилу мать
отцовскую могилу
страх прежний
мы
переживаем и теряем
под астрами моими
от инея
твой камень побледнел
а я болтать
в пальто пристегивать
подстежку
раз не стареть так угасать
скорбь
омолаживает шрамы
Я вопрошаю о любви
немецкий брат
как чувствуешь себя ты
сам
что переносишь ты
когда находишь
молчишь ли ты иначе
по ночам
Порожние паромы переправят
страна
мне близости
твоей не охватить

Alte Frau

in meinen Briefen suchst du
wann ich komme
ruhlos
es bleibt
Zeit
unbeschwert dein Beharren
auf allem, was gut war
alte Frau
und die scheue Katze
unter deinem Fenster abends.

СТАРАЯ ЖЕНЩИНА
ты ищешь в письмах моих
когда появлюсь я
без устали
время
есть еще
твое ничем не омраченное постоянство
во всем, что было хорошим
старая женщина
и пугливая кошка
под окном твоим вечерами

Bald geh ich allein zur Siedlung, Mutter

aus unseren scheuen Händen legst du die Jahre
zu dir und ohne kuss bis an den Bogen
führst du mich lange noch den Weg hinunter
Warum, Liebste, war am Morgen zwischen uns das Tor
so hoch und du kamst von ihm
Ich möchte reich sein diesmal
in der Siedlung aber
gebe ich wieder etwas früh Vergangenes
mit dir fort

Я СКОРО САМ ПОЙДУ В ПОСЕЛОК, МАМА
из наших робких рук в себя вбираешь годы
без поцелуя ты до поворота
дороги меня долго провожаешь
Зачем любимая ворота между нами утром были
так высоки и ты шла от них
Тогда богатым быть и щедрым мне хотелось
но там в поселке
я вновь теряю то прошедшее так рано
с тобою вместе

November

Liebste
wenn wir uns treffen
manchmal bemerkst du mich nicht
im dritten Laub
du kommst spät
ich sollte dich nicht loslassen
am Rand der Rückfahrten
aber ich bin vor dir gegangen
wie die Monate von den Zweigen

НОЯБРЬ
Любимая
при наших встречах
как часто ты меня не замечаешь
на третий листопад
приходишь слишком поздно
тебя не надо было отпускать
вблизи дорог обратных
но я тебя опережал в уходе
как месяцы от ветвей

Bitte
An U.

Könntet ihr euren Körpern wieder
Wärme geben
unter alten Monden
noch einmal fliehen
wie Seelen
nein
und nie wolltest du
tauschen
ins Obdachlose
zerbrach dein fremder Schrei vielleicht
im ersten Frost
und so verwundert warst du
immer
hinterm Trödelmarkt der
unverlorenen Sprache

ПРОСЬБА
к У.
Смогли бы вы своим телам
тепло вернуть
в последней лунной фазе
спасаться бегством
будто души
нет
желанья не было
сменить
в бездомность
твой раскрошился чуждый крик
возможно
на морозе первом
и был так удивлен
всегда ты
на барахолочных задворках
несгинувшего языка

28

Dezember

im Gedenken an Ulla

meine Worte fielen auf dich herab
wie Steine über gefrorenem Schnee
du hast mich nicht gehen lassen
ascheweiß im achten Jahr
wir betteln und
niemand glaubt uns

Mai 1945

Der letzte
lange Sieg

Jahre wie
Hunderte
wie
Male dem Weg
nun haltlos
Wogen
schlagen
über dich
unfassbar noch
hausen wir
so
nach dem
Sieg

МАЙ 1945 ГОДА
Последняя
долгая победа
годы словно
столетия
словно
меты пути
неудержимо теперь
волны
бьются
в твои берега
непостижимо еще
как держимся мы
после этой
победы

Zirkelarbeit im Garten
Lia Mößner, Reinhard Johannes, Andreas Diehl, Elviera Thiedemann

Sturm, lieber Geselle

Sturm, lieber Geselle, zerreiße
Das Wolkenkleid über mir.
Peitsche das Meer, schick' weiße,
schneeweiße Wellen zu mir.
Schlage den Sand, weil er träge sich unter den Füßen formt;
Schlag nicht das Grün,
das zu leben beginnt.
Fahr in die Liebe und fahre ins Licht,
denn beide sind dir gewachsen.
Stärker als beide nein, das bist du nicht –
Und sollte eins brechen ...,
dann birst es von innen entzwei.

Sieben Lenze

Sieben Lenze krochen aus dem Eis.
Sieben Sommer fielen von den Bäumen.
Sieben Winter ward mir – frierend – heiß
Nach dir, in sieben Träumen.
Doch gestern, in dem achten ...
Wir küssten, liebten, tranken uns
... und lachten.

Bitte denke laut

Lass mich die Hand auf deinen Körper legen.
Erschrick nicht vor dem Dunkel meiner Haut.
Ich werde dir mit mir ein bisschen Sonne geben.
Du wirst sie spüren ... Bitte ... Denke laut!

... und was es sonst noch gibt

Du stehst vor mir.
Ich spüre deine Nähe.
Deine Ohren sind kalt
(und was ich sonst noch sehe),
doch unter deinem Hemd, dem Schlips, dem Kragen,
da ist es heiß. (Wer wagt das noch zu sagen?)
Du stehst vor mir und küsst behende
die Lippen mir, die Brüste und die Hände
und was es sonst noch gibt, und was es sonst noch gibt ...

Schon regen sich die Geister,
die Teufel werden dreister ...
Du wühlst in meinen Haaren.
Du willst, dass wir erfahren
Den Taumel Zweisamkeit
und was es sonst noch gibt, und was es sonst noch gibt ...

Nur fort mit Schlips und Kragen;
Ich kann es kaum ertragen.
Ich helfe dir beim Knöpfen,
dann werden wir ihn köpfen,
den Dämon Einsamkeit.
Wir bieten uns zum Kusse
Und sonstigem Genusse
Von Kopf bis zu den Füßen.
Laß doch die Zeit zerfließen
Und was es sonst noch gibt, und was es sonst noch gibt ...

Besuch bei Heine

Dort oben auf dem Sockel sitzt der Heine.
Erst siehst du seine langen Dichterbeine,
riskierst du aber einen Blick noch höher,
kommt dir der ganze Kerl entschieden näher.

Den hat man hier so halb und halb versteckt,
du hast ihn im Vorbeigehn nur entdeckt.
Die Uni thront in seinem Bronzerücken.
gewiss heut nicht zu jedermanns Entzücken.

Passt der noch rein in diese deutsche Welt?
Den hat man beinah heimlich hingestellt,
so abseits von dem allgemeinen Trubel.
Na ja, er wollte sicher keinen Jubel.

Dir fallen ein paar Verse vor die Füße,
du schickst nach oben deine besten Grüße.
Und du besinnst dich, wirfst noch einen Blick
zu Heine hin, und langsam geht's zurück.

13.1.2013

Der Lesende

Ein Buch – das sind nur Seiten von Papier.
Doch lies darin, es öffnet sich dir Welt
Und manches ungeprüfte Urteil fällt.
Du ahnst, das Buch hat Köpfe im Visier.

Du liest den Anfang und da sind es Verse.
Wie du erschrickst: Das ist kein Buch für Dich.
Du blätterst weiter, prüfst dein Über-Ich
gerätst mit deinem Buch in Kontroverse.

Und nach und nach geschieht da was mit dir –
gebannt studierst du jedes Wort der Zeile.
Und dann, nach einer langen, langen Weile,

ergreift dich unverhofft die Lesegier.
Du suchst, worin der Worte Sinn mag liegen.
Scheu blickst du auf, und die Gedanken fliegen.

24.1.2013

der clown

hat seine maske abgelegt
nun kommt er
zu uns
und keltert den jungen wein.
er füllt ihn
in krüge
und säuft.
wir sollen singen
und tanzen
brüllt er
doch wir
sind nur winzer

auf der Stufe

zur nacht
bin ich
ein stern
für dich
du versprichst
mir das blaue
vom himmel
während du
deinen ofen
befeuerst

sommer

schornsteine rauchen,
eine amsel singt.
ein zug
hält im bahnhof,
laute.

ein mann malt
sein haus an,
schwarz
mit deinem haar.
er malt sterne
und knochen.

du aber singst
im abendrot
und klebst
mit deinem blut
blätter
an eine vertrocknete rose

18.2.2002

frühlings gefühl

der schnee
meiner fensterbank
vergeht
im rausch
dich
habe ich aufgehängt
im Keller
zu den kleidern
für die heilsarmee
mit der leichtigkeit
eines Vogels
der gegen
mein fenster fliegt
lebe
auf mich zu

10.-22.2.2010

sekundärtumor

novemberwolken
sonnenstrahlenfetzen fallen
durch fenster
der großstadt eine narzisse
spiegelt sich
im trübem
wasser
der computertomograph
hämmert im technotakt
schwarz-weiß-bilder
an den monitor
der mich überwacht
ehe ich ihn ausschalte
und mich

14.11.2010

pers vers

gesichter werden leiser
und stimmen verblassen
vögel fliegen
rückwärts
auf ungebauten trassen

eisenbahnen kaufen gäste
blumen trinken blut
auf seinen spitzen kopf
setzt sich ein mann
den hut

23.2.2010

Piazza di San Pietro
Petersplatz

Am Abend, wenn die Glocken Frieden läuten,
seh' ich die Linien wundervoll sich fügen,
seh' wie sie meinen Blick genial betrügen
und so den Dom um vieles höher deuten.

Hinwandelnd unter schwebenden Figuren
umarmen flügelgleich mich Kolonnaden,
ich spüre einen Hauch von Euer Gnaden,
verfalle fast den flüsternden Auguren.

Vom Obelisken gurrt's, jäh mein Erwachen,
die Taube ließ den Ölzweig längst schon fallen.
Ich höre Bomben in die Häuser krachen.

Und seh' entsetzt die vollen Leichenhallen,
die Blutspur des zum Gott ernannten Drachen.
Ich hör Posaunen, die von fern erschallen.

Rom, 22. März 2003

*Am 20. März 2003, um 5:33 Uhr (Ortszeit),
Beginn der Bombardierung Bagdads*

Mein Hof

Es war einmal ein großer Hof
Umsäumt von hohen Häusern
Die einen alt die andern neu
Sie waren zu veräußern.

Im großen Hof da spielten gern
In Büschen und in Ecken
Die Kinder miteinander
Da ließ sich's gut verstecken.

Und mitten in dem großen Hof
Gab's auch 'nen Buddelplatz
Dort treff ich oft die Schmidts
Zum Streiten und zum Schwatz.

Verhökert nun die Häuser
Privat ist der Besitz
Durchtrennt der Buddelkasten
Am Zaun wink ich den Schmidts.

Autorentreff im Garten
Marlies Schmidl, Achim, Robert Göbel, slov ant gali,
Alois Hallner, Klaus Lettke

Siebenfaches Innehalten

In der Eingangshalle durchschreite ich die Stube des heiteren Wetters,
hinter mir lasse ich Regen und Wind.

Als ich aus dem Pavillon des ruhigen Mondscheins heraustrete
und auf die duftenden Osmanthus Stämmchen schaue, werde ich still.

Sitze im Oktogonalpavillon, sehe den schwankenden Bambus:
Ich hab' mich zu oft gebeugt und wieder aufgerichtet.

Aus dem Steinboot am See, durch das glasklare Waser,
seh' ich ihn liegen, regungslos, auf dem Grund, einen hungrigen Hecht.

Der gewundene Weg zur kleinen Steinbogenbrücke ist umsäumt
von mageren zerklüfteten Steinen, faltig wie ein Hundertjähriger.

Zögernd betrete ich die Zick-Zack-Brücke inmitten des Sees:
Schau ich zurück, seh' ich keine Gerade.

Im Teehaus zum Osmanthussaft reicht mir Yale Yu, die Teemeisterin,
die Schale. Aus ihren mandelförmigen Augen spricht sie zu mir:

„Wie ich sehe, hast du siebenmal innegehalten.“
Mit aneinandergelegten Handflächen verneigt sie sich.

Nach dem Krieg

Es war in den ersten Augusttagen 1945. Sie waren heiß und trocken. Ich hatte keine Lust, wie üblich mit dem Rucksack auf die Jagd nach Essbarem zu gehen. Ich wollte ins Luftbad, mich im Schwimmen ausprobieren. Hatte ich noch die ersten Schwimmbewegungen in der Elbe mit einem Rucksack voller Äpfel erfolgreich bestanden. Die Dorfschule von Zschieren war schon längere Zeit geschlossen. Mutter hatte nichts einzuwenden. Vater hatte eine Arbeit bei einem kleinen Baubetrieb gefunden. Mit einer Stulle, einer Bierflasche voll Malzkaffee und einer kratzigen Wehrmachtsdecke unter dem Arm lief ich los. Beim Überqueren der Dorfstraße kam mir ein Pferdefuhrwerk entgegen. Da saß der rothaarige Junge vom Bauer Eggebrecht drauf. Als er mich sah, stand er auf und knallte mehrmals mit der Peitsche. Wie der sich aufspielt: Angeguckt hat der mich nicht. Angeber, aber so ein Fuhrwerk fahren, na ja. Drüben kam noch ein Stück geschotterter Weg, das tat weh an den Fußsohlen. Jetzt ging es in Ufernähe immer elbabwärts.

Auf der Höhe der Pillnitzer Insel lag das Freibad Wostra, mitten in einer umzäunten Elbwiese. Das Schwimmbecken war ohne Mauer und hatte einen natürlichen Zufluss. Es ging schon ganz gut mit dem Schwimmen. Zehn, zwölf Schwimmzüge konnte ich schon hintereinander machen. Dann klappte es mit dem Luftholen nicht mehr. Manches guckte ich mir von anderen Kindern ab. Einige bewegten sich beim Haschen spielen über eine Schwimmbadecke wie Fische im Wasser, die konnten springen, tauchen und schwimmen. Das wollte ich auch schaffen. Freunde hatte ich bisher nicht gefunden. Die Kinder von den Bauern im Dorf wollten mit uns Hungerleidern nichts zu tun haben, und die Kinder aus den Siedlungshäusern am oberen Dorfrand, aus den Häusern mit den gepflegten Gärten, waren ziemlich eingebildet.

Am späten Nachmittag machte ich mich auf den Heimweg. Ich hatte Hunger, jetzt ging es den gleichen Weg stromaufwärts. Als ich auf der gleichen Höhe mit der Spitze der Pillnitzer Insel war, da wo sich die Elbe in zwei Arme teilt, sah ich am Uferrand ein ziemlich großes Bündel liegen. Das hatte am Vormittag noch nicht da gelegen. Ich ging näher zum Ufer. Die Elbe hatte wenig Wasser, es guckten schon viele Steine raus. Jetzt war ich am Wasserrand. Das war ja ein Mensch, eine Leiche, angeschwemmt.

Ein Soldat? Da war nichts von einer Uniform zu erkennen. Der ganze Körper war mit schmutzigen grauen Schlieren überzogen. Das Gesicht war bleich, Augen habe ich nicht mehr gesehen. Ich musste in Dresden nach den Bombenangriffen über viele Leichen steigen. Aber diese Wasserleiche sah eklig aus. Dann prallte ich vor Schreck zurück, da bewegten sich ja zwei Aale aus der Leiche heraus. Ich roch auch so einen süßlichen Duft. Der Körper hing halb im Wasser, die andere Hälfte lag in der Sonne. Ich sah auf der Elbe noch weitere Bündel im Wasser treiben. Zwei konnte ich gut erkennen. Dann hastete ich nach Hause. Ich erzählte alles. Mutter sagte: „Es nehmen sich doch so viele Leute das Leben. „Vater meinte, er habe von Flüchtlingen gehört, in Aussig an der Elbe hätten die Tschechen Deutsche erschlagen und in die Elbe geschmissen. Der Krieg ist doch noch nicht zu Ende, dachte ich. Viele Nächte erschien mir im Traum die Wasserleiche mit den Aalen.

Zwanzig Jahre später fuhr ich mit meiner Frau und mit unserem achtjährigen Michael mit dem Dampfschiff, einem Schaufelrad-dampfer, elbaufwärts nach Usti nad Labem, dem früheren Aussig. Wir hatten zwei Stunden Aufenthalt. Ein Stadtbummel und ein Besuch in einem Café ließen die Zeit rasch verstreichen. In der Mitte der großen Elbbrücke erzählte ich von der angeschwemmten Wasserleiche in der Elbe 1945 und von den erschlagenen Deutschen, die man von dieser Brücke, die hieß jetzt Dr.-Benesch-Brücke, in die Elbe geschmissen haben soll. Wir guckten nach unten, das war verdammt hoch. Dann riss uns die Schiffssirene aus unserem Gespräch. Alle waren schon an Bord. Im Laufschritt erreichten wir noch unser Schiff. Ablegen, wenden und die Fahrt ging elbab-wärts zurück nach Dresden.

Es sollten nochmals über 20 Jahre vergehen bis ich anfing, meine Zschierener Erlebnisse aufzuarbeiten und dabei wieder auf die angeschwemmte Wasserleiche stieß. Wenn das stimm-te, was damals Vater angedeutet hatte: Im Internet suchte ich mir Literatur heraus, und in der Amerikabibliothek konnte ich in dem Buch von Otfried Pustejovsky „Die Konferenz von Potsdam und das Massaker von Aussig am 31. Juli 1945" entnehmen: Am 31. Juli 1945 begann um 15.30 Uhr nach mehreren Explo-sionen in einer in der Nähe von Aussig gelegenen Munitionsfab-rik ein zweistündiges Massaker gegen die deutsche Bevölkerung. Seit langem mussten alle Deutschen weiße Armbinden tragen, durften nicht mehr die eigene Sprache benutzen und wurden willkürlich enteignet. Täglich gab es in Aussig an die 60 Selbstmorde von Deutschen. Die Menschen, die sich am 31. Juli ab 15.30 Uhr mit weißen Armbinden auf den Straßen in der Stadt befanden, wurden mit Knüppeln erschlagen, erschossen, oder mit Bajonetten niedergemetzelt. Die auf der Brücke erwischt wurden, schmiss man in die Elbe. Auch eine Frau mit ihrem Kinderwagen. Die Täter waren, so Pustejovsky, Revolutionsgarden, Partisanen, Marodeure, Häftlinge aus Konzentrationslagern, Rücksiedler, Soldaten und Milizen. 43 Tote wurden identifiziert. 120 wurden in den folgenden Tagen in den ufernahen Städten und Dörfern von Sachsen angeschwemmt und geborgen. Da war auch meine Wasserleiche dabei.

9.8.2008

Otfried Pustejovski,
Die Konferenz von Potsdam und das Massaker von Aussig
am 31. Juli 1945,
Herbig Verlagsbuchhandlung GmbH
München, 2001, S.82-95

Freiheit (12)

Du ungeborenes Kind
in Gedanken drücke ich dich
an meine Brust
In der Wiege meiner Wünsche
Stille ich dich.
Das Lied meines Herzens
hält Wache
über deinen Schlaf.

Im Spiegel alle Schönheit
auf dem Glanz des Wassers,
das der sanfteste Wind
aufkräuselt.

3.4.2011

Da Hias reflektiat

mi juckn d'eier
d'oachl von hoatn
da bleibt ma nua aans
i vadraa mi in goatn

da gibt's a häusl
an dunkln schupfn
da kann i im stüin
mia an abizupfn

des seufzn des keuchn
des kichean und lachn
da san wöiche drin
de tan grad was machen

da sprach nach da Karl
und d'muata mein mama
d'schwesta mit n bruadan
des is dia a hamma!

da bleibt ma ja nua
in mein kamma z'gehn
und im bett es z'tuan
naja aa ganz schön

wia da onkl woa gangen
i mit da mama allan
frag i s' scheinheilig
was in da hüttnn ham tan

was ma tan ham da drin
na was hama scho gmacht
uns spassettln dazöit
und darüba glacht

wozu hast da gstöhnt
gschrian tuat des guat
geh Karli mach schnölla
mia kommts sofuat?

gstöhnt? Da hast di vahöat bua
mit guat woa a gschicht gmaant
mit schnölla geh beeil di
i bin aufd poente scho gespannt

's ächzn von da hoizbank
und dei kommentaa
dass ia da gföglt habts
des woa maan i kloa

auf was wüist raus Hias
was soi des scheißgred?
de muata belauschn
des ghört si doch net

was i wüi liabs mamscheal?
daßd soichane sachn
wia mit dein bruadan
mit mia tatast machn

da hats mi stad packt
ind schlafkamma zogn
wo ist pudean hab düafn
a poa stund – ungelogen

und weils ia aa gefoin hat
ganz ohne frag
deaf i s' jetzt pempean
wann imma i mag

kommt jetzt Mamas bruada
bei uns amal vorbei
dann hat ea stets de tante
und sein klan buam dabei

nach tausend toden

nach tausend toden lebe ich immer noch
stumm neben schindern und killern immer noch
im kopf froststarre steppe die wolga immer noch
katjuschaorgeln das schreien röcheln sterbender
Immer noch

gewalt morden und leiden auch heute immer noch
weltum nicht nur am balkan immer noch
trotz scham was geschehen was geschieht immer noch
lebe nach tausend toden ich immer noch

nach dem tausendhundersten sollte da immer noch
feiger untätigkeit scham überdauern mich? –
Immer noch?

leben

nacht
zwielicht
morgenröte
sonnentage
wolken ... gewitter

träume ... träume ... träume

wolken ... gewitter
sonnentage
abendröte
zwielicht
nacht

Le-kwa

unser kral wurde überfallen
der vater erschossen
die große schwester vergewaltigt
danach erwürgt
le-kwa die kleine in den teich geworfen
sie war erst elf
konnte nicht schwimmen
das alles vor meinen augen
es gelang mir le-kwa zu retten
mutter war maniok holen
hat überlebt
die kleine und ich fühlten uns eins
wollten zusammenbleiben
für immer
mutter hat gesagt
das geht nicht das ist verboten
und überhaupt
le-kwa sei bereits versprochen
einem witwer
über dreißig
mein mädchen einem greis
so liebten wir uns heimlich
im busch
nahmen uns vor durchzubrennen
doch le-kwa wurde weggeschleppt
von alten weibern
mit dreizehn
ihr weh, sehr weh getan
zwischen den beinen
sie ist gestorben

ich war da fünfzehn
bin weggelaufen
in die wälder
man hat mir ein gewehr gegeben
jetzt töte ich
töte, was mir in die quere kommt
und bei jedem den ich töte
etwas von dem
das noch währt
an liebe

Alois Hallner

Zwillingsschwestern

Manchmal denke ich, dass ich einfach nur träume. Dieses Glück: Mir: Doch wenn mich dein vertrautes Flair erreicht, ich deine Wärme fühle, dich rieche, schmecke, spüre, wie sich deine erfahrenen Lippen, versierten Finger, in meinen Landschaften umtun, dann weiß ich: Ja, es ist Wirklichkeit! Traumhafte Wirklichkeit!

Wer hätte einst gedacht, dass wir uns einmal derart finden, wiederfinden werden? Gewiss, wir sind Zwillingsschwestern. Aber doch so verschieden. Äußerlich und im Wesen. Gewiss, wir waren als Kinder ein Herz und eine Seele, wie man sagt. Im Allgemeinen. Hatten, wenn drauf ankam, immer zueinander gehalten, einander verteidigt. Anderen Kindern, Erwachsenen, unseren Eltern gegenüber. Gewiß, wir hatten uns geliebt. Und, wann immer uns danach war, wir es wagen konnten, ein Bett miteinander geteilt. Bis jede ihre eigenen Wege zu verfolgen begann. Ich begann mich früh, noch in der Pubertät, für männliche Wesen zu interessieren. Für reife, bevorzugt solche mit grauen Schläfen. Und mich herauszuputzen, zu schminken. Erste Erfahrungen in der Liebe zu sammeln. Während du Hermi, dich zur gleichen Zeit immer mehr und mehr in dich zurückzogst. Wie in ein Schneckenhaus. Auf dein Äußeres kaum achtetest. In den Augen derer zu einem grauen Mäuschen, einem Aschenbrödel wurdest ...

Wir stammen aus der Provinz, sind, was unsere Herkunft betrifft, Gscherte. Nachdem unser Vater neunzehnhundertdreiundvierzig eingezogen worden und im gleichen Jahr mit gerade sechsundzwanzig gefallen war, musste unsere Mutter mit der kleinen Wirtschaft allein fertig werden. Uns, ihre damals zwei Jahre alten Zwillinge, an der Kittelfalte. Sicher, es gab Beistand, ohne den das nicht möglich gewesen wäre. Von Kleinbauern. Einigemal auch von Bessersituierten, die stundenweise einen Knecht, eine Magd, ein Pferd zur Verfügung gestellt, mit Maschinen ausgeholfen. Nur so konnte Mama uns großkriegen. Bis auch wir, Kinder noch, zugreifen mussten.

Mit achtzehn ergab ich mich dem Werben eines wohlhabenden, seit kurzem verwitweten Weingroßhändlers. Du bliebst auf dem Hof. Als unsere Mutter vor vier Jahren starb, schlug ich dir vor, die Wirtschaft zu verkaufen und – Ossi, mein Mann war damit einverstanden – zu uns zu ziehen. Dem zuzustimmen fiel dir leicht. Wolltest du doch immer schon irgendwo wohnen, wo nicht jeder jeden kennt, alles anonymer und toleranter ist als auf dem Land. So kamst du, wie du es dir gewünscht, zu einem Heim in der Stadt. Und ich war tagsüber nicht mehr so allein.

Was mich betraf, ging zunächst alles gut. Ossi schlief nach wie vor mit mir. Nicht täglich, aber oft. Rein-raus – aus: für ihn war die Sache erledigt. Ich konnte mich gar nicht mehr erinnern, wann ich das letzte Mal ein wenig Spaß daran gehabt hatte. Ossis Annäherungen waren mir längst zuwider. Sie ekelten mich an. Später, als ich von dir erfahren, dass er sich mehrfach an dich heranzumachen versucht habe, begann ich ihn zu hassen. Das Schwein. „Machts ka Theata, ihr beidn. In mein Suff und der Dunklheit am Gang hab ich mich anfach in der Tür geirrt. Ich hab dacht du bists, Heli. Wann ma Zwillinge im Haus hat, kann das passiern." In deiner Gegenwart von mir zur Rede gestellt, war das seine ganze Reaktion, seine Rechtfertigung. Die Ausrede mit der Tür. Zwischen deiner Stube und unserem Schlafzimmer liegt das Bad wie ein weiterer Raum. Die nicht weniger faule Anspielung auf unser Zwillingsturm. Wo du doch fast so groß bist wie er und naturblond. Ich hingegen deutlich kleiner, brünett, fast schon kastanienbraun bin. Und dann noch der Versuch, dich zu vergewaltigen. Wo er von dir nur zu gut wusste, dass du dir aus Männern nichts machst ...

Vier Jahre, nachdem du bei uns eingezogen warst, begann für mich ein zweites Leben. Von dem ich mir wünschte, dass es ewig dauern möge. Mit der Nacht zum Sonntag, den 12. September 1971. Das Datum, die Uhrzeit, zwischen zwei und drei, in der wir den Anfang zu siamesischer Herzensfügung gesetzt, ist mir unauslöschlich eingeschrieben. Nach einer Festivität war es. Einer, wie sie Ossi des Öfteren seinen Freunden, diesen Schmarotzern, zu geben pflegt. Der Herr hatte sich um Mitternacht herum mit seinem Tross zurückgezogen. Zu einer Nachfeier in einer Bar. Wir, ich, die ich die Frau des Gastgebers zu spielen hatte, und du, Hermi, die du dich in so etwas wie der Rolle einer Hausdame befunden, wir, die wir qualvolle Stunden hinter uns gebracht, waren ziemlich groggy und, auch das, ein wenig angesäuselt. Machten grob Ordnung und gingen, wie immer nach solchen Mulatschags, in die Sauna. Wir zwei Molligen. Um allen Schmutz, nicht nur den äußerlichen, auszuschwitzen und abzuspülen. Wie immer, gemeinsam. Aber es muss etwas Besonderes in der Atmosphäre gewesen sein. Hättest du mich sonst auf einmal gefragt: „Darf ich dich massieren? Es wird dir gut tun, dich erfrischn." Leicht dösig, wie ich war, widersetzte ich mich deinem Ansinnen nicht. Auf dem Bauch liegend brummte ich vielmehr: „Von mir aus, wanns dir an Spaß macht." Es war dann angenehm. Sehr angenehm: Das Streichen, Walken und Klopfen. Leben schien in mich zurückzukehren. Ein eigenartiges Empfinden mich zu ergreifen. Selbst dass du, Hermi, die Popospalte, den Damm in die Massage einbezogst, ließ ich zu. Nicht folgenlos. Als die Rückseite fertig war, wendete ich mich unaufgefordert. Worauf du meine Brüste zu bearbeiten begannst. Mit öltriefenden Fingern. Dich nach kurzem, urplötzlich, mich gleichsam überrumpelnd, mit den Lippen einer meiner erigierten Warzen bemächtigtest. Statt spätestens jetzt zu protestieren, das Unsittliche schwesterlichen Tuns abzuwehren, engten sich meine Hände auf deinen Kopf. Streichelten ihn, hielten ihn fest. Nur nicht weg ... jetzt nicht weg ...! Und du fuhrst fort in deinem Werk. Lutschtest und kautest, ganz zart, an der einen Beere, während du die andere, von deinem Mund, deinen Zähnen nicht besetzte, zwischen den Fingern presstest und wuseltest. Als du von meinen Brüsten abließest, wollte ich dich schon auffordern: Bleib ... bitte, bleib ...! Doch da warst du schon hochgekommen. Küsstest mich auf den Mund. Tiefgreifend. Mit wühlender Zunge. Ich konnte nicht widerstehen, zu genießen, zu erwidern. –Du küsstest meine Augen, meine Ohren – mir liefen Schauer über den Körper –, meinen Hals. Küsstest mich tiefer und tiefer. In südliche Regionen. Bis dein Schlecker den gestrüppumrahmten Spalt erreichte. Ihn durchgründelte. Sich endlich einzig dem wunderkitzligen Wimmerl im vorderen Ritzenwinkel widmete. Während ich mit fahrigen Händen dein Kopfhaar durchwühlte. Und dann kam ... kam ... und kam ...! Zu sterben meinte. Und doch nur wünschte, die Zeit möge stehen bleiben ...

Inzwischen gehst du kaum mehr allein aus dem Haus. Du hast deine abendlichen Streifzüge eingestellt. Liebst mich, wie du nicht nachlässt, zu beteuern. Und wir, wir lieben uns. Fast täglich. Nicht selten zwei-, mitunter dreimal am Tag. Wenn Ossi nicht da ist, am Abend, in der Nacht.

Wenn mich dein vertrautes Flair erreicht, ich deine aparte Wärme fühle, ich sie rieche, schmecke, spüre, wie sich erfahrene Lippen, versierte Finger in meinen Landschaften umtun, dann weiß ich: Ja es ist Wirklichkeit! Traumhafte Wirklichkeit!

Mein zweites Leben!

Rainer Hellige

Für Wassili Schukschin
Zum gleichnamigen Bild

sag baum und sag blume
sag mädchen und haus
      und sage: die menschen sind gut
sag krieg und sag schmerzen
sag tod und verzicht
      und sage: zu rasch fließt das blut
sag: oft wird am morgen der tag
           zu schnell grau
vertrau doch dem einfachen glück
sag: oft wird am abend
         der himmel noch blau
sieh nicht zurück
         nicht zurück ...

Für Wassili Schukschin zum gleichnamigen Bild
von Rainer Herold

(Faksimile aus der Anthologie
„Wenn Bilder reden", 1978)

Sebastian Himstedt

In den letzten Zügen
aus: Die Brücke an der Spree, 153, 1/2010

Dit is sicherlich heute ooch mal so'n Tag zum Verweilen. Zum Inne-Halten, wie dit ja immer so schön heeßt, obwohl ich jar nich so genau weeß, wie dit jeht. Aber ick denk mal, da schwingt ooch so'n kleenet kontemplativet Moment mit rum, wenn ick sage: Wir ham viel erreicht, wir müssen aber immer noch weiter. Groß-Prenzlauer Berg ist sicher, dank der aufopferungsvollen Arbeit von Peter und mir. Aber das ist natürlich nicht alles. Die Landesverteidigung beginnt nich erst am Helmholtzplatz, sondern auch schon mal bei jedermann vor der Tür. Deswegen hat die sICKErheits-AG jetzt ooch beschlossen, andere Services anzubieten, um auf sich ständig verändernde Bedrohungslagen Einfluss nehmen zu können. Wissen Se, der Peter hat da so ne kleene Broschüre jemacht, die ist zwar noch nich janz fertig, aber da steht so ein schöner Text druff, den möchte ich mal zum Besten jeben: Die stationäre Rückwärtsverteidigung hat sich als effektiv und sinnvoll erwiesen, für ein breiteres Sicherheitsgefühl werden aber auch wir – unsere staatsbürgerliche Pflicht anerkennend – den Balkon verlassen, runter vom Elfenbeinturm, wie man so schön sagt, und dahin gehen, wo es eventuell weh tun könnte. Wir werden unser gesamtes, jahrelang im Bereich der Luftverteidigung geschultes Personal für die Sicherheit Ihrer Umgebung zur Verfügung stellen. Wenn es sein muss 25 Stunden am Tag. Dazu setzen wir auf mobile Einsatzgruppen von bis zu zwei Mann zu Wasser, zu Lande oder in der Luft. Zu diesem Zweck werden die Kommandostrukturen der sICKErheits-AG gestrafft und in der neuen Firma Die Bundesspartaner aufgehen." „Klingt doch dufte, was"?

Dit muss man sich mal vorstellen, wie sich dit alles jeändert hat in der kurzen Zeit. Vor zehn Jahren hätte ich noch nich mal jedacht, dass mal der Dienst an der Flak was helfen könnte, um unseren schönen Kiez vor terroristischer Bedrohung zu schützen. Doch an eenem der letzten Abende, es wurde ja so schnell kälter auf dem Balkon, und da sitzen wir dann auch immer zu zweit während der Wache, damit nicht einer erfriert oder dass beim Glühweinkochen der andere am Abzug sitzt. Naja, und da ham wir uns mit Peter ooch mal überlegt, was wa sonst noch machen könnten. Jab in letzter Zeit ooch imma viel Viedbeck von de Nachbarn, die sich sehr sicher fühlen, gerade wo ich die letzte Nacht mal Probealarm gemacht hab, haben viele erstmal jesehen, dass es schon wichtig ist, dass da auch einer sitzt. Ooch früh um fünfe.

Aber ooch Anregungen ham wa jekriegt, was wa noch machen könnten. Ick meen, da ist ooch viel Schwachsinn dabei: Zum Beispiel soll der Peter jetzt immer mit dem Pudel von der Frau Meyenbeck Gassi gehen, weil se Angst hat, dass er entführt wird. Oder der Herr Schmidt, dem der Peter jetzt immer dreimal die Woche die Rohre in Bad und Küche überprüfen soll, weil er denkt, er wird dadurch abjehört. Ich hätte ja nur Angst vor Ratten im Klo, die janz fürchterlich beißen können. Könn sich ja mal fragen, was so ne Ratte als erstes sieht, wenn sie ausm Rohr kommt und ick sitz uffn Thron? Das sind ja Angstbeißer. Da musste vorsichtig sein. Aber wie sag ick immer: Terrorismus ist reine Kopfsache. Ratten oder Wanzen im Klo? Da musste einfach mal ein bisschen schneller scheißen als der Islamische Schihad. Wenn du mental dufte druff bist, dann kann dir nichts passieren. Aber da siehste, dass sich was jeändert hat im Bewusstsein der Menschen. Die achten jetzt auf die Gefahrenzonen in ihrer Umwelt. Und der eigene Haushalt war da ja schon immer so etwas wie der Katalysator des sojenannten „home grown terrorism". Ick sach mal: Wenn de nich verheiratet bist, haste schon viel jewonnen. Gegen die Frau an Herd und Spüle könn wa natürlich nüscht machen. Selbstverständlich lehnen die Bundesspartaner jegliche Form von Verschleierungsgebot und Ehrenmord in der Familie ab. Manche Bewohner hier Groß-Prenzlauer Berg haben zwar schon danach jefragt, aber wir haben natürlich dankend abjelehnt. Dit is nich unsere Welle.

Aber zum Beispiel Geiselnamen. Da könn wa was machen. Oder viel mehr natürlich dit Janze Drama verhindern. Da bieten wa jetzt ne janze Menge an, nachdem wir die letzten Schichten jemeinsam mal jebrainstormt haben. Konnte man ja machen diesen Sommer, mit groß Baden war da ja nüscht. Und dit Bierchen schmeckt ooch uff Schicht, wa? Das mit den Geiselnahmen wird ja immer mehr zu einem Problem, was sicher auch bald zu uns kommt. In Afghanistan und Irak ist das ja so gefährlich, da fahrt ja bald keener mehr hin und da überlegen sich die Brüder natürlich ooch, wen se da noch hops nehmen sollen.

Ick sach mal so: Susanne-Osthoff kann sich jetzt zwar sicher fühlen, die war schon mal dran. Die wolln die bestimmt nicht noch mal. Aber sonst kann es eigentlich jeden treffen. Auch hier. Gerade hier in Berlin. Zack, rein ins Auto und ab in die Uckermark, und da findet dich dann keene Sau mehr. Da jibt es sicherlich jenauso viele Höhlen wie am Hindukusch. Die einzige, von der ich jehört habe, dass se aus der Jejend wieder lebendig rausjekommen is, is ja unsere liebe Kanzlerin. Sonst noch wen verjessen? Fiese Jejend da oben uff jeden Fall.

Naja, aber man muss sich ja nur mal vorstellen, wer da so alles in Frage kommen würde. Natürlich viele Schöne und Reiche, die haben natürlich Jeld und da kannste schönen Reibach mit machen, aber dit is mehr so der klassische Fall. Ick sprech mehr von so Sachen mit Symbolcharakter. Da kann man jetzt ooch erst mal nur mutmaßen, wer dafür in Frage käme: Franz Beckenbauer natürlich als erster. Den Kaiser musste natürlich besonders schützen, da haben die Brüder sicher schon ein Auge drauf geworfen. Dit liegt ja praktisch uff der Hand. Aber bei anderen musste schon bisschen mehr nachdenken: Axel Schulze, der Boxer, zum Beispiel. Nicht nur, dass er wahrscheinlich wieder erst als Zweiter entführt wird, aber es kann sich ja niemand den Imagejewinn vorstellen, wenn die ersten Fotos von ihm mit Taliban-Käppi ufftauchen, was er dann nie wieder abnimmt. Und da finden die schon ihre Wege, dass er das nie wieder abbekommt.

Oder ooch Ronald Mc Donald: Nicht nur, dass er Amerikaner ist, sondern natürlich steht der in erster Linie für den American way of life. Und wenn de dann deine Chicken Al Donalds nur noch bei Al Donalds kaufen musst und die Läden im Ramadan alle geschlossen haben, dann weiß man, was die Stunde geschlagen hat.

Aber die allet überragende Fraje ist natürlich, wie man mit dem sojenannten homegrown-terrorism fertich wird. Da tun sich ja Welten uff, die de so noch jar nicht überblicken konntest, obwohl wir dit jar eigentlich vor dreißig Jahren schon mal hatten mit der Frau Meinhof und dem feinen Herr Baader. Die Frisuren von denen sind ja ooch wieder modern, wenn man sich mal so umkiekt. Aber natürlich, dit ist heute sicherlich ooch ein bisschen anders, da steckt ja ne janz andere Ideologie hinter. Und was die auch früher jesoffen haben, sowas jibt es ja bei die Islamisten nicht. Damit werden die ja ooch'n Stück weit unberechenbarer

Leute, die nüscht trinken, sind mir sowieso ooch'n bisschen suspekt. Aber jedenfalls komm die ja jetzt praktisch aus der Mitte der Jesellschaft. Da kannste dich uff keen mehr so richtig verlassen. Es kann praktisch jeden treffen.

Und das wird sich ooch auf, wie heißt es immer so schön, die politische Landschaft auswirken. Da wird der Deutsche Herbst ein Kinderjeburtstag jewesen sein, von noch nicht bestimmbaren Ausmaßen. Deutscher Winter is dann, zappenduster allet, ooch in Zeiten der Klimakatastrophe. Da wird dann sicher mal janz schnell der eine oder andere zeitweilig von der Bildfläche verschwinden. Ich könnte mir zum Beispiel dit ooch in Sparten jenseits des eigentlichen Kernjeschäftes der Islamisten vorstellen. Wissen Sie, solche Szenarien stellen wir ooch zusammen mit dem Peter ja uff. Weil de ooch immer'n Schritt vor den Jungs sein musst. Wir da praktisch ooch so'n kleener Think Tank. Jetzt nicht so großer Tiger-Panzer. Mehr sone Hauskatze, weil wa ooch bisschen unorthodox arbeiten wollen. Aber man kann sich schon mal vorstellen, dass jetzt in so' m Tarifstreit wie bei der Bahn, wenn dies so richtig alles verworren ist, nicht vor, nicht zurück jeht, die eenen sagen so, die anderen sagen so. Wenn die dann solche Konvertiten dabei haben, die sind ja jetzt ooch überall, dann greifen die ja zu allen Mitteln. Und möchte ich nicht sehen, wie das dann abläuft und das Jeheule nicht wieder groß. Dann möchte ich die mal sehen, was passiert und ich will dann nicht sajen: Ick hab euch doch jewarnt, Kinder. Die sICKerheits-AG ist dann ooch machtlos. Wissen Se, diese Skepsis unseren Ideen jegenüber, die wird die Jesellschaft noch mal in Teufels Küche bringen. Ich warte schon auf die Schlagzeile: „Geiselnahme im Bahn-Tarifstreit: Hartmut Mehdorn in den letzten Zügen" Aber da ist dann ooch vorbei. Da ist dann der Zug abjefahren.

Das wär' was

Im Garten sitzen Pinkels
bei einer Bowle Wein.
Da platscht etwas vom Apfelbaum
grad in die Bowle rein.
Es ließ ein Spatz was fallen
just, wo die Bowle steht.
Was gäb das für Spektakel
wenn's unsereiner tät.

Die Flamme

Ein Streichholz,
das entzündet war,
verhält sich
wie ein Liebespaar.

Es glüht zuerst
im Flammenschein,
wird kleiner, krümmt sich
und geht ein.

Dies wissend
solltest du verstehn,
mit einer Flamme
umzugehn;

Und sie geschützt
mit beiden Händen
dem Zweck des Zweckes
zuzuwenden.

Der blinde Bettler
(*Manuskript*)

Morgengrauen, es war kalt, und der Wind stürmte. Die Straße am Ufer war leer. Der Blinde tastete mit seinem Stock vor sich her, neben ihm rauschte der Rote Fluß.
„Wang ... Wang ... wo bist du? rief der Blinde, seine Stimme verlöschte im Rauschen des Flusses. Es war wohl sehr früh – noch waren kaum Menschen zu hören. Etwas krallte sich in seinen leeren Magen, er musste in die Stadt. Manche Restaurants machten jetzt schon auf, und vielleicht konnte er dort etwas kriegen. Aber wo mochte Wang sein?
Als er aufstand, war Wang nicht da. Er atmete die herbstliche Luft tief ein. Der Geruch von trockenem Laub, von Tau und feuchter Erde drang in seine magere Brust.
„Wang ... Wang ...“
Es war still. Die Kälte biß ihm in die Haut. Irgendwo in der Nähe schnatterte nervös eine wilde Ente. Der Blinde drehte sich einmal um sich selbst, etwas berührte seine nackten Beine, und er bückte sich.
„Ach, du bist es, mein Alter. Wo bist du denn gewesen? ... Ich weiß, du hast jetzt eine Hündin, nicht wahr? Willst deinen Freund verlassen, stimmt's? Du, du", rief er glücklich. Der Hund sprang hoch, leckte zärtlich seinem Herrn Hände und Gesicht.
Die Wärme des Hundekörpers tat dem Blinden wohl. Er umarmte den Hund, streichelte ihn und lachte. Beim Lachen krallte sich wieder etwas in seinen Magen.
„Schon gut, Wang, ich mache nur Spaß. Ich weiß, du wirst mich nie allein lassen. Ja, ja, du kannst deine Hündin immer besuchen. Aber jetzt müssen wir in die Stadt! Hast du gar keinen Hunger? Oh, Buddha sei mit uns! Komm, Wang!"
Der Blinde nahm seinen Hund an die Leine, und Wang führte ihn in die Stadt.
„Nicht so schnell, Wang! Es ist bestimmt noch dunkel. Hörst du die Menschen?
Ach, früher brauchten wir nie so zeitig aufzustehen. Da ging es uns noch gut, nicht wahr, Wang? Weißt du noch? Als du noch

klein warst, bekamst du doch oft Knochen. Ja, ich hatte es damals auch leichter, und ab und zu hatten wir auch Geld, das weißt du ja. Sonst hätte ich dich nicht zu mir nehmen können. Du warst auch teuer, mein Alter."

Der Hund bellte, als ob er seinen Herrn verstünde. Früher hatte der Alte noch etwas zu verkaufen, mal ein paar Flaschen, mal alte Lumpen oder was, was er sonst im Müll gefunden hatte. Aber jetzt ist der Müllgraben schon längst eingeebnet, und heute steht dort das Interhotel.

„Ja, ja, du verstehst mich wenigstens ... Bist ja auch mein Bester. Und wenn Buddha uns heute nicht straft, werde ich dir ein Knöchelchen besorgen."

Wang bellte laut, als das Wort „Knöchelchen" hörte, und zog den Blinden schneller. „Nicht so schnell, Wang! Ich bin nicht mehr jung. Warte! Ja, ich weiß, ich habe dir viel zu viel versprochen."

Als die erste Straßenbahn durch die Bahnhofstraße fuhr und die Glocke vom Hanoier Dom viermal läutete, erreichte der alte, halbnackte Blinde mit seinem Hund die Innenstadt. Das beiden wohlbekannte Restaurant neben dem Bahnhof war schon geöffnet. Es war klein und niedrig, drängte sich zwischen andere Läden. Die hintere Hälfte des Häuschens, wo der Inhaber wohnte, war von der vorderen Hälfte, dem Restaurant, durch eine bis zum Hals reichende Pappwand getrennt. Drei Tische standen eng beieinander. Der Kessel am Eingang, wo die Wirtin die Speisen kochte, versorgte das Restaurant mit Wärme. Die Gäste, die hierher kamen – fast nur Rikschakulis, Teefrauen und Lastträger, die eine ganze Nacht hindurch auf dem Bahnhof gearbeitet hatten, saßen auf kleinen Hockern und schlürften Reissuppe. Es gab hier auch Fleisch und Schnaps. Aber diese Delikatessen konnten sich nur andere Gäste leisten, die etwas mehr Geld hatten. Auch kleine Diebe und Prostituierte, die ihren Lebensunterhalt auf dem Bahnhof suchten, kamen hierher.

Die Wirtin war immer freundlich zu allen, und besonders heute Morgen, denn sie hatte bereits ein paar solche Gäste dabei.

Am vorderen Tisch saßen vier Totengräber und tranken ihren Schnaps.

Ihr Beruf erschreckte viele Menschen – sie gruben die Leichen, die schon drei Jahre in der Erde lagen, wieder aus, und bevor sie die Knochen in einem keramischen Sarg sortierten, wuschen sie diese mit Brennspiritus oder Schnaps, damit die Toten noch einmal sauber wurden.

Diesen Beruf übten jetzt wenige Menschen aus, aber Tradition und Moral müssen hoch gehalten werden, darum bezahlten die Leute gern und nicht wenig – für ihre gestorbenen Verwandten. So ein Totengräber, wenn er Arbeit hatte, konnte sich Schnaps leisten und ganz gut leben. Aber es war trotzdem ein verachteter Beruf. Die Totengräber trugen schwarzbraune Gewänder, und sie rochen einer wie der andere nach Schweiß und faulendem Holz.

Hinter den vier schmatzten feierlich zwei Reishändler. Vor ihnen häufte sich ein kleiner Berg von Knochen und Essenresten. Sie unterhielten sich laut über ihren Gewinn, und man konnte daraus schließen, dass die Eisenbahn aus dem südlichen Gebiet wieder einmal ausgefallen und die Preise für Reis gestiegen waren.

Der Blinde setzte sich in die Ecke neben dem Kessel, er fror. Er hatte fast nichts an, außer einer alten schmutzigen Decke, die er sich über seinen Körper geworfen hatte, und einem Slip, aus dem seine nackten Beine, dünn wie noch junge, aber schon trockene Bambuszweige, zu sehen waren. Sein Gesicht war bedeckt mit Leberflecken. Die Backenknochen traten über dem zahnlosen Mund stark hervor, und aus seinen tief eingesunkenen Augen lief Schleim.

Wang, der Hund, legte sich neben seinen Herrn und wendete den Kopf zu dem Kessel, von wo der Dampf der Suppe ihm in die feuchte Nase drang. Der Blinde nahm seine Holzschüssel aus einem Bastbeutel und sang mit dumpfer Stimme seine gewöhnliche Melodie:

„Gib mir was zu essen, Buddha wird dich nicht vergessen."

„Ach, alter Opa, du bist heute aber sehr zeitig hier. Ist der Magen noch gesund?" grüßte die Wirtin ihn freundlich.

„Buddha sei mit Euch, gnädige Frau."

Die Wirtin sammelte alle Speisereste von den Tischen in die Schüssel.

„Hier hast du etwas zu essen. Gib mir deinen Beutel, ich hole dir was für heute Abend", sagte sie zu dem Alten und streichelte den Hund.

„Na, Wang, du wartest doch auf einen Knochen, nicht wahr?"

Der Hund wedelte freudig mit dem Schwanz. Er kannte die Wirtin gut.

Die Frau legte einen Knochen vor den Hund, und einen anderen steckte sie in den Beutel des Alten.

„Wissen Sie", sprach sie zu den Gästen, „Dem Armen gebe ich gern was zu essen, er war mein Nachbar. Früher wohnte er hier in der Nebenstraße und verkaufte Bonbons und Tonpuppen. Ja, ich war damals noch klein, als er uns Kindern die schönsten Puppen gebastelt hat. Aber nach den Bomben in seiner Straße blieb er allein. Seit ein paar Jahren ist er Bettler!" Sie seufzte und wischte sich die Nase mit dem Ärmel.

„Ach, den Alten kenne ich so lange wie Sie, Frau Wirtin, seit meiner Kindheit. Er hatte damals noch Haare – wie die von einer alten Fee, und war noch nicht blind. Wie klang doch damals sein Lied, das uns Kinder immer anlockte? Ach: Kauf eine schöne Puppe, und ihr habt ein Schwesterchen ..." sang einer der Reishändler.

„Halts Maul. Die Zeit, wo man seinem Kind noch Spielzeug kaufte, ist vorbei, das hat der Alte da auch kapiert. Die Kinder müssen erst mal satt sein. Sie haben es schwer, und wir auch. Der Alte da hat wenigstens schon etwas erlebt", sagte der andere Reishändler.

„Frau Wirtin, geben Sie mir noch ein Gläschen. Der Blinde hat aber einen dicken Hund", rief einer der Totengräber.

„Ja, er wiegt mindestens zehn Kilo. Geben Sie mir auch ein Schlückchen", stimmte der andere zu.

„Trink nicht so viel, der Tote gestern auf dem Bahnhof ist bestimmt daran gestorben", warnte der älteste von den Vieren.

„Quatsch, der sah nicht so aus, als ob er dafür Geld hatte. Der Hunger hat den Dummen gejagt", lächelte der eine.

„Haben Sie Mitleid mit dem Toten, den habe ich gekannt. Ein armer Mann", sagte ein Mädchen, das am letzten Tisch saß, schüchtern.

„Was redest du da? Mitleid? Mitleid hin und Mitleid her, aber wer steckt dir schon was ins Maul? Wenn du nichts hast? Oder hast du was im Rock? Ha, ha" lachte ein junger Mann, der bei dem Mädchen saß.

„Du gemeiner Ganove! Ich werde dir's schon zeigen!" schrie das Mädchen.

Die Wirtin pustete die Öllampe aus, die an der Tür hing. Draußen knatterten, hupten und quietschen hunderte Motorräder, Autos, Rikschas und Fahrräder durch die Straßen. Die Menschen eilten nachdenklich, besorgt und müde vorbei.

„Frau Wirtin, bringen Sie dem Alten ein Gläschen! Er friert doch, ich bezahle", rief einer der betrunkenen Totengräber, „sonst denkt das hübsche Ding da, ich habe kein Mitleid mit den anderen." Und er zwinkerte dem Mädchen zu.

Buddha sei mit Ihnen", neigte sich die Wirtin ihrem Gast zu und schenkte dem Bettler ein. „Hier, Opa, der Herr dort schenkt dir einen Schnaps. Habe mich schon bei ihm bedankt." „Ja, danke vielmals." Der Alte verbeugte sich tief und mit zwei Händen nahm er das Glas, hob es behutsam hoch. Sehr lange roch er daran, man sah, wie ihm das Herz in seinem mageren Brustkorb heftig schlug. Auf einmal neigte er seinen Kopf nach hinten und goß das ganze braune Zeug in seinen zahnlosen Mund.

„Ha, ha", lachte er, „der Schnaps brennt. Wie lange schon habe ich solch einen Tropfen nicht gekostet. Ich danke dir, Herr. Komm, Wang! Laß uns gehen."

„Wo wohnt der arme Opa?" fragte der gutmütige Totengräber, als der Alte weg war. „Unter der Hanoier Brücke, wie die anderen Bettler, wo denn sonst?" erwiderte die Wirtin.

Es war sehr kalt, als der Blinde erwachte. Der Schnaps vom Morgen war ihm in den Kopf gestiegen. „So ein Tag", murmelte er, „es gibt ja noch viele barmherzige Menschen. Ein Weilchen lebst du noch, also bis dahin sollst du für sie beten. Ja, bei der Wirtin bekomme ich oft zu essen ... Aber wo ist der Wang wieder hin? Wang! Wo bist du? Ja, ich bin alt, aber Wang hat noch eine Hündin ..."

Der Blinde saß am Wasser. Er hörte, wie der unberechenbare Rote Fluss neben ihm vorbeirauschte.

Eine alte Sage erzählt, die rote Farbe komme vom Blut unserer Feinde seit tausenden von Jahren. „Ja, wir hatten nur Krieg", hauchte er vor sich hin. Bald wird er umziehen müssen, denn die Zeit des Hochwassers wird kommen. Vielleicht sollte er dann auf dem Bahnhof schlafen. „Nein, dort gefällt es mir nicht", seufzte der Bettler. Damals im Krieg hatte er dort mit seiner Familie gelebt, dort war es ihm zu laut.

Sehr lange lauschte der alte Mann dem Strom, und er ahnte nicht, dass sein Wang gerade für dreißig Kilo Reis an einen Hundefleischer verkauft wurde. Wang war dem Dieb in die Falle gegangen, als er zu seiner Hündin lief. Morgengrauen, es war kalt. Der Blinde tastete sich mit seinem Stock den Steinweg hinaus. „Wang, Wang, Wang", rief er nach seinem Freund. Seine Stimme wurde immer heiserer. Der neue Tag dämmerte. Die Stimme des Alten ging unter im Lärm des Tages.

Einige Tage später sah man ihn noch einmal im Restaurant. Er gab der Wirtin eine Tonpuppe und bat sie um ein Glas Schnaps. Danach sah man ihn nicht mehr.

Juli-Requiem
Für meine Mutter (Flora Hering)

I
Wichtig ist der Haselwind,
der an mir hängt,
der mich durchdrängt:
in diesem Juli bitter
und doppelt für mein Stürmen;
für eure Nächte leis gedacht –
vollbracht nach sieben Sterben;
bezahlt in einem Tod.

II
Der späte Raps liegt unter mir,
ein Häher streichelt die Platane;
ihr Stamm ist nicht von meinem Stamme,
so seufze ich zum Dunst der Täler:
das letzte Öl nicht ausgetrunken;
kleb` ich an leichten Blätter-Nasen,
schweb` kindlich über Hügelrasen:
es treiben mich die Haselhäher.

III
Von einem Schemenkreis gebrochen;
belehrt vom Salve dieser Felder,
spür` ich ein blondes spätes Dämmern
der Lüfte aus Südost,
wo früher Heimat meiner Mütter war.

IV
Es treiben mich die Erdgewalten
aus meinem Spielball höher
noch als die Tränen fliegen können:
Dorthin, wo Engel Dichter sind,
wo Gottes Schweigen menschlich ist.

V
Die Stille ist – und dennoch Hauch:
Von Blüten, Pollen und Narziß;
Ein schräger Mond ist aufgegangen,
die Grillen wispern ihr:
„Gewiß" –
Und aufgeschlossen mein Gewissen:
In Wiesen, Feldern; Hecken auch.

VI
Nach letztem Gruß der Haselmaus
beschließe ich das Ändern selbst.

Geschrieben am 17.7.1994
        nahe den Wäldern bei Greiz/Thüringen

Bist du

meinen Träumen nahe
wenn sieben Schwäne unterm Efeu fliegen
auf dem Grund des Meeres deinen Schatten suchen
vom feuchten Himmel abgewälzte
faule Kugeln fallen nächtelang in Seiten
noch einmal Geliebte
spür' ich die Schreie, wie seltsam das
der Wind verbringt und scheidet aus
dem Spiel der Finsternis ein Glimmern
das im roten Weltall heißt
entkommen
rächen sich die Nebel, roll'n in Flüssen aus
den Betten springen silbergraue Flammen
Schmiede trommeln glänzende Gebete, brechen Sieben
Neue Vögel steigen auf zum Sterben

Fragen aus der Fragmentation

Typoskript von Reinhard Johannes

Fragen aus der Fragmentation

Sind wir Fragmente, unbeschrieb'ne Blätter
des Dichters, der uns durch sein Weinen trieb?
Alt werden wir und immer fetter,
die Worte fallen zum Gedächtnis-Sieb.

Auch Freunde kühlen aus wie Eilige,
sie rücken ein in Schluchz-Jahrzehnte,
da tropft die Zeit; ist es das Heilige,
das sich nach euren Küssen sehnte?

Als ob's am Horizont verglimmert
Und rote Reime mit sich nimmt,
wenn eines sich um's and're kümmert;

dass er sein Schwert mit Wucht zertrümmert.
auf einer wunden Strophe schwimmt,
die auf dem Meere trächtig schimmert.

Reinhard Johannes

Mann im Wachkoma

Liegt er dahin-geschmissen und ich suche
das emotionale Rest-Risiko seines Überlebens
(und er schleimt aus allen Spalten) –
ich ziehe an seinen riskanten schmächtigen Stellen;
seine sprachlosen Augen fallen in mich ein:
dieses verschlenkerte Rückentier mit Knöpfen, Hebeln,
mit unerschöpflich zitternden Knien – an Füßen gesteigert;
wer weiß, was aus dem noch forte steigt,
mehr als Dämpfe, Kämpfe, Sprechblasen!?
Mein Himmelssturz, wenn ich so läge;
was würde ich in meinen Kernen (ver)dichten,
um aufzusteigen in seine höheren Regionen,
die tot und kalt sind, vielfach berechtigt schweigen?

Ach es war einmal, sagen die Märchenerzähler
und nun werde ich in deinem Gehirn haltlos,
dein Übrig-Gebliebener (Wort-Schatz),
dein Fabulierer, dein Sprachrohr, dein Künstler;
Den haut's ebenso eines Tags aufs Kreuz,
schreibt er nicht gegen verbundene Wegweiser
an spinnfingrigen Narren geht er zum Grundsatz:
haltet unter den dummen verborgenen Schichten
Blut, Luft und Bewegung in geheimen Nestern!
Eh, verkommen wird nur splittriges Geld,
an neugeborenen Wiegen singen Wache
das Lied der geliebten Spuren.

Von der Treue zum roten Schweden

für Petra und Charly (Hiddensee, 16.8.2001)

Ein roter Schwede liegt hier still begraben,
auf einer Sanddorninsel, nah beim Wind;
es fallen Bündler auf mit Soll und Haben
und machen uns für's Weitgeschweifte blind.

So lauf' ich durch ein Sommerflirren,
grab' mich zu Wander-Horizonten,
lern' küssen unter den Geschirren
an heißen Tagen, Wisper-Fronten.

Stell' ich mir vor beim Dürsten Durst,
wo leibesweiche Inseldornen enden;
du sanft mit deinem Insulaner murrst;
laß ich mir gelbe Beeren spenden:

von einer Sonne, die noch Farben gibt –
dem Schweden-Crüger, ihrem treuen Narren;
auch uns' rem Maler welcher Reime liebt,
gilt Frühling vom Theaterkarren.

Nun ziehn wir weiter – aus Nüstern Stürme,
den Dünen ausgemergelte Geschichten,
doch auch vom Leuchten wilder Türme,
wolln wir den Fragenden berichten:

vom roten Schweden, den 's hier an die Küste schlug,
wie eine heiterharte Bernsteinvase.
Den Friedhofsvorhang auf, vom Tod genug,
wir setzen Segel auf clownesker Nase.

Sünd wir aber immer noch

dem Dichter Martin Pohl gewidmet
(verst. 23.09.2007)

Meine Rufe zu dir – mein Alter – zur aschfahlen Urne
sind vergeblich, flattern aus parapoetischer Emphase
mit vergeblichem Bemühen ums Proletarisch-Bewußte
babblig-verquollener 2-Tausender Pseudo-Boheme.

Der du aus blutigem Schlamm zum Himmel stürmtest,
fehlst mir als Aufricht(ig)er, nicht von Siegen faselnd;
weil du mir als Rufer über trunkenen Mauern erschienst.
Gebeneideit seist du unter den enzyklischen Päpsten –
der Du Biblisches in einen prophetischen Kranz flochtest:
aus reinen Reimen und Schmutz der Straße gewürzt.
Und ich schmecke bitteren Absinth aus Leibesdunst,
aus der Kunst des Überlebens, wahren Überhebens
über Dinge profanös-eitler euphemer Ru(h)m-Tuerei.

Wieder Verlangensschreie am Ereignis-Horizont,
nach dialektischem Abschmecken der Gewürmer.
Mein ruinöser Gott, warum hast du mich belassen
auf grummel-grindiger letaler Mutter Erde Krümel!?
Muß ich hinaus zu schwarzen Löchern pendeln?

Da ich unterm scharfen Perpendikel schwanke: Tic Tac, Tac Tic;
ehe ich zerfleischt werde vom strategischen Über: Gewicht: Zeit
Danach richte ich mich überströmt auf u.s.w..
Mein Blut fließt mit herum, ehe es bekennen kann:
Amen und Ausstieg aus Analphabet-/Omeganismus –
Singe ich indiffer-rührend: Sünd' wir aber immer noch ...

Lass mich mein Haar
Typoskript

Lass mich mein Haar
über Dich spannen
wie ein Zelt,
dann werd ich Dich im Winter
mit meinem Atem wärmen,
auf meinem Schoß sollst du schlafen, damit
dein Körper
den kalten Boden nicht berührt.
Meine Augen
sollen Leuchtkäfer werden,
vor der Nacht brauchst du dich nicht fürchten.

Im Frühling werd ich mir
Knospen in die Haare stecken
(deine Wände sollen blühen.)
Vögel werden ihre Nester darin bauen,
morgens sollst du mit Gezwitscher und süßem Duft erwachen.

Und im Sommer...
(im Sommer)werde ich Dir
mein Kleid öffnen
und mit meinen Wimpern eine Brise zuwehen,
einen kühlen Schatten schenken.
Mit Früchten will ich mich schmücken
an den Ohren, am Hals(und)an meinen Handgelenken
Dir zu trinken geben den
süßen Saft der Orangen, die
an meinen Fingerspitzen hängen.

Kommt der Herbst,
so werden meine Hände
Dich beschützen vor den Stürmen.
Den Duft der feuchten Blätter

Ludmilla Khodai 13/04/03

78

werd ich dir einfangen,

das Rauschen der wilden Gewässer.

Ich bin voller Blumen, voller Wärme, voller Licht und Schatten zugleich, bin voller
Wasser, voll von Früchten, voller Gesang zu jeder Jahreszeit. Ich bin der Baum
und die Erde, bin die Stille und der Wind, bin der Vogel und der Käfer,
ich bin,

    ich bin,

       ich bin.

So komm, komm zu mir
komm herein und

lass mich dein Zuhause sein.

Ein Korb mit Früchten

Einen Mann habe ich kürzlich getroffen,
er wirkte selbstbewusst und offen,
lud mich auf einen Kaffee ein,
da sagte selbst ich nicht nein.
Er erzählte mir, dass er schriebe,
meistens über die Liebe,
und ich antwortete ganz begeistert,
in diesem Gebiet bin auch ich bemeistert!
Das Gespräch wurde heiter
und ich ging sogar ein Stückchen weiter,
sagte, die Geschichten, die ich bisher geschrieben,
handelten von urmenschlichen Trieben.
Er bat mich, ihm eine zu schicken
und ich versprach, nicht zu spicken,
denn er wolle wissen was Frauen fantasieren,
wenn sie sich nicht genieren.
Am nächsten Tag schloss ich ihm einen Briefumschlag,
aus einer Farbe, die ich ganz besonders mag.
Darin hatte ich die Gedichte gelegt und gefragt,
was er zu einer Einladung zum Essen sagt.
Unterschrieben hatte ich mit einem Kuss,
denn mit tugendhafter Schüchternheit ist jetzt Schluss.
Neue Zeiten sind angebrochen
und mit ein paar Worten habe ich noch nichts verbrochen.

Zwei Tage musste ich weilen,
bis mir der Bote überbrachte ein paar Zeilen
Der Herr schrieb ganz ehrlich:
Madame,
ich fürchte, Sie sind mir zu gefährlich

13.4.2003

80

Robert Klamann

Ich habe die Spinne umgebracht
(*Manuskript*)

Ich habe sie umgebracht.
Ich habe die Spinne umgebracht.
Weil sie so häßlich war.
Ich habe die Spinne umgebracht,
weil sie so häßlich war.
Weil sie so fett war.
Ich habe die Spinne umgebracht,
weil sie so fett war.

Weil sie so kurze haarige Beine hatte.
Weil sie an meiner Wand herumgekrabbelt ist.
Ich habe sie umgebracht.
Kaltblütig.
Ich habe die Spinne kaltblütig umgebracht.
Weil sie so häßlich war,
weil sie so fett war,
weil sie so kurze haarige Beine hatte,
weil sie an meiner Wand herumgekrabbelt ist.
Ich habe sie umgebracht.
Aber ich mußte es tun.
Ich mußte sie umbringen.
Sie war so häßlich.
Ich mußte es tun.
Ich mußte die Spinne umbringen.
Sie war doch so häßlich,
so häßlich häßlich.
Ich mußte es tun.

Weil ich so viele kenne,
die sich umbringen wollen,
weil ich so viele kannte,
die sich umgebracht haben,
weil ich selbst ...
Aber ich habe die Spinne umgebracht.
Weil sie so häßlich war.
Ich habe sie kaltblütig umgebracht.
Wer aber eine Spinne so kaltblütig umbringt,
vermag auch mehr.
Ich bin ein Mörder.
Ich habe mich im Spiegel gesehen.
Spinne vergib mir.
Ich habe Furcht,
daß ich mir so häßlich werde,
wie du mir warst.
Vergib mir, Spinne.
Ich leide darum.
Sieh, Spinne,
ich füge mir Schmerz zu,
ich zerschneide mir das Kinn.
Niemand verstehts.
Spinne vergib mir.
Vergib mir,
daß ich mir nicht auch den Hals zerschneide,
und die Brust.
Vergib mir,
daß ich am Ende nicht an die wichtigen Adern gehe.
Spinne vergib mir.
Vergib mir.
Vergib!

Genug

Es ist genug da,
sprach meine Mutter.
Sie genoss diesen Satz
wie eine Mahlzeit, bei der
nichts fehlt und auch
nichts übrig bleibt. Du
hast ja gar nichts gegessen,
sagte sie nach der vierten
Scheibe Brot. Die gute Butter
stand auf dem Tisch, der
Echte Kaffee. Es ist genug
da, und sie hob Ihr Glas
immer wieder auf uns
und das Jahr 2000. Bis
dahin war noch genug
Zeit, um die ganze Welt neu
zu verteilen, Essen und Trinken
für jeden und Frieden, für sie
etwas Glück, schön verpackt
in eine andere Revolution,
von der sie vielleicht dem
Kaninchen erzählte, wenn sie
es im Arm hielt, des blutigen
Endes gewiss. Wir waren
in alle Winde verstreut,
kamen hungrig zu Tisch mit
gewaschenen Händen, nach
Schlägen kamen wir ohne
Tränen. Meine gehörlose Mutter
reichte die Schüsseln herum:
Esst, Kinder, esst! Es
ist für alle genug.

Als wir 18 waren
Für KD

Erst gedruckt
Dann gevögelt
Also poet.

Der kleine tod
Bringt leben
In das gedicht

Alles andere
Ändert sich
Nicht

Sehnsucht nach
Sehnsucht und
Sterben was geht.

Henry-Martin Klemt im Gespräch mit Klaus-Dieter Schönewerk

Evas Gedichte

Zeitanhalter.
Augenöffner.
Stehenbleibchen.
Einen nackten
Fuß vor den
andern von Wurzel
zu Wurzel, zum
Mond und dem
Strauch, zur
Welle, zum Wind,
und, langsamer,
bis zu der großen
Platane.
Jetzt wieder
zurück.

Abschied VIII

Für Eva, KD und die anderen

Wir tranken vom doppelt gebrannten
Wacholder und sangen Balladen
Von Brecht oder andren Verwandten
und träumten uns zu den Plejaden.

Je kleiner das Land, umso größer der Traum.
Den Rücken zur Wand und bei drei auf dem Baum:
So wollten wir alle nicht enden.
Wir drehten uns Schläfe an Schläfe im Takt
und Mitternacht schlug es. Da lag splitternackt,
was sein könnte, in unsern Händen.

Das Nest in der dritten Etage,
geflochten aus zahllosen Zeilen,
bot Platz für die ganze Bagage,
die Beute der Tage zu teilen.

Wie Straßen nach einem Gewitter
so glitzerte Lust aus der Trauer.
Der Streit wurde niemals uns bitter
und Liebe schien immer von Dauer.

Je kleiner das Land, umso größer der Traum.
Den Rücken zur Wand und bei drei auf dem Baum:
So wollten wir alle nicht enden.
Wir drehten uns Schläfe an Schläfe im Takt
und Mitternacht schlug es. Da lag splitternackt,
was sein könnte, in unsern Händen.

Die Vögel, die bunten und schrägen,
sie malen ins Blau ihre Zeichen
und zwischen den Küssen und Schlägen
brüten sie aus ihresgleichen.

Je kleiner das Land, umso größer der Traum.
Den Rücken zur Wand und bei drei auf dem Baum:
So wollen wir alle nicht enden.
Wir drehen uns Schläfe an Schläfe im Takt
und Mitternacht schlägt es. Da liegt splitternackt,
was sein könnte, in unsern Händen.

Vergessliches Lied

wenn ich vergessen habe
dass es uns nur einmal gibt
setze ich mich an den grossen tisch
mit allen die ich geliebt

wenn ich vergessen habe
unsere kurze frist
werd ich erzähln eine ewigkeit
von dem was gewesen ist

wenn ich vergessen habe
dass wir zu staub verwehn
werden wir uns umarmen am meer
jung und stark und schön

wenn ich vergessen habe
dass die vernunft nicht siegt
trinke ich auf die dummheit und die
die sich ihr nie gefügt

wenn ich vergessen habe
unsre vergesslichkeit
richte ich mich wieder auf ohne angst
bis an das ende der zeit

Verwandlung

Wenn der Mond Auto fährt
Gehe ich barfuss
Durch den Schnee
Im Sommer
Und pflücke Blumen:
Die mondgelben für dich
Die autoblauen für mich
Die schneeweißen
Streu` ich unter die Leute
Dann fahre ich Mondauto
Und der Mond geht barfuss
Durch den Schnee im Sommer
Und man sagt:
Er ist verrückt

Mein Kummer

Legt sich
Auf mein weißes Blatt Papier,
Mit meinen Gedanken
Die nicht aufgehört haben
Mich zu erinnern
Dass eine halboffene Tür
Hinab führt
In mein Herz

Irrtum

Ich
An der Ecke meines Hauses
Das nicht da ist
Das Haus
Die Ecke
Ich?

HAIKU

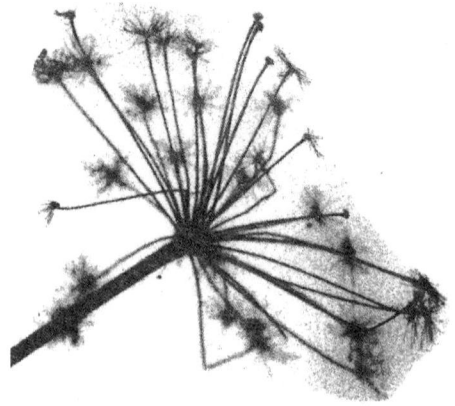

Am Pfützenrand
ein Spatz trinkt
aus der Sonne

Möwenschrei
Das Meeresrauschen
an den Strohhut stecken

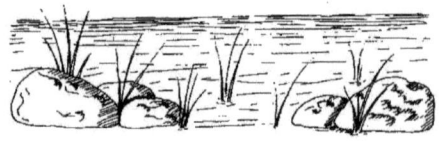

Auf dem Wagen
türmen sich Heuballen
nebenan die Kuh lächelt

Entengeflatter
in meiner Jackentasche
die Dackelleine

Der schönste Drachen
dort oben – festgebunden
am rosa Rollstuhl

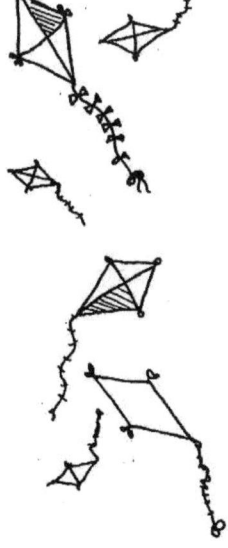

Perfekt

Gebunden
Das Kopftuch macht das Gesicht
Noch blasser
Augenränder wie Aschmonde
In der Armbeuge ruht der Kopf
Des Kindes
Augen geschlossen
Frieden
In der U6, nachmittags um vier

setzte ich die welt in brand

meine stimme prasselte
in allen dornenbüschen,
das wort wäre gesetz, und
zwischen alt und neu schmölze
jegliche grenze, wie
der kuß, der liebe gebiert,
das gedicht sähe weiter,
und bräche
vom stamm des lebens
atem ...

diese welt –
wenn es sie gäbe,

wollte ich sie

Westerbork

Ich betrete einen ausgestellten Raum.

Es ist möglich, die Zeit einzufangen:
Lederkofferstapel wie aus gefrorenen Filmen,
Ein Ofen, der nie mehr feuert,
Jene Kanne dort kann kein Wasser mehr bergen.
Holz begrenzt die Baracke ohne Zahl;
Ein Fenster, die Aussicht gilt den Gleisen;
Ein Wort ins Kreuz geritzt, fällt aus dem Rahmen.
Auf dem Dreistockbett: Bettzeug, zerlumpt
Und muffig.

Ich denke an mein hohes Nachtlager
In der Jugendherberge von Amsterdam;
Es schließt sich aus und hat miteinander zu schaffen.
Solche Lager und dieses Heute, bergen verschiedene Namen;
Westerborg hatte seine Zeiten, wieder und wieder.

Was ich suche –
Ich habe hier doch niemanden verloren.

Die Welt was ist das
Für KD

Die Welt was ist das
Doch mehr als ein Spalier von Bäumen
Du zeigst uns mehr als das
Die Sprache ist eine Welt von Träumen

Wir genießen deine Lehre
Wir sind deines Lebens treuer Stab
Ich weiß nicht was gewesen wäre
Ein Wort von dir ist meine Ehre

Nicht nackend Bäume sind das Spalier
Sondern der Dank im Wörtchen Wir

Athener Elegie

In Athen ist groß die Not
soll es sich doch bescheiden
Europa sprach ich gebe Brot
jenen die Hunger leiden

Da trat hinzu die Hochfinanz
und entriss das Brot ihren Händen
Was soll der ganze Firlefanz
wir lassen`s beim Schein bewenden

Man vergab Brotobligationen
worauf die Bank gewettet
verweigert Athen das Fronen
So wird`s halt nicht gerettet

So spart Athen auf Teufel komm raus
und er kommt mit alt brauner Macht
vergeblich Nahrung suchet die Maus
darob der Börsianer lacht

Jemand sprach, hoch trug er den Hut
der Grieche ist von Natur ein Schlitzohr
das wusste schon der alte Homer gut
da liegt der europäische Witzchor

Was brauchen wir Lügen der Griechen
droht finster die westliche Welle
vor unserer Schwelle sie siechen
es reicht uns Germanias Helle

Da ging es munter ans Schuldenzählen
allein Korruption spart die Griechen tot
halb Verhungerte gingen nun wählen
Statt eigene Urnen wählten sie rot

Europas Stier brüllte voll Zorn
lasst ja alle Finger vom Bären
vergesst Samos, Feta und Korn
ihr sollt allein mir nur gehören.

Feldhüter Alexej
Zum gleichnamigen Bild

Feldhüter Alexej sitzt hier:
voll Stolz, doch ohne Eitelkeit.
In seinen Augen ruht die Zeit.
Und unerheblich scheint es mir,

ob auf dem Feld, das ich nicht seh
jetzt Sonne brennt, ob Regen-, Schnee-,
ob Hagelschauer wütet.
Ich weiß doch: Hier sitzt Alexej;
das Feld ist gut behütet.

*Feldhüter Alexej zum gleichnamigen Bild
von Wolfgang Wegener*

(Faksimile aus der Anthologie „Wenn Bilder reden", 1980)

Erlebnisse eines Gelegenheitspolitikers

Sie derfn mir nich beese sein –
ich bin dor Schorsch aus Reitzenhain.
Vor kurzn dachde ich mir gladd:
„Du fährsd mal in de Reichshaubdstadt!
Was sollsdn immer bloß darheeme!?"
Dar Sachse liebd eem das Extreme.

Ich war noch gar nich lange hier,
da hab ich mir als Souvenir
e Schdiggschn Mauer rausgebrochn.
(Das hadd ich meiner Frau versbrochn.)

Off eenmal brillden alle Leude:
„Zerstörung amtlicher Gebäude!"
Nu, ich begugge das Schdig Mauer
mir daroffhin noch mal genauer;
da wurde mir nadierlich klar,
daß das e Schdigg vom Reichsdaach war.

Zwee Bolizisden nahm mich mid
un brachdn mich nach Moabid.
Ich denke: „Mensch, da gugg ich glei
mal mit bei Honecker vorbei!"
Doch seine Zelle, die stand offen.
Der is noch gar nich eingedroffen!

Der Wärder had mir midgedeild,
daß Honecker in Moskau weild.
Den ham de Russn ausgefloochn.
Ich saach: „Das is ja ungezoochn!"
Das hättsch von Erich nich gedachd,
daß der mal Rebublikflucht machd!

Mich ham se ooch nich angenomm:
Die sin mid mir nich klargekomm.
's warn keene Dolmedchar vorhandn,
die unsre Sächssche Sprache kandn.

Wie ich nu vor der Strafanschdald
nach einer Taxe Ausschau hald,
da schdehd dord so e freches Luder,
die saachde zärdlich: „Na, mei Guder?
Ich zeich dir e baar hübsche Sachen;
mir könns in meinem Auto machen."

Mir schdieschn in ihrn Waachn ein.
Sie sprach: „Du mußt nicht ängstlich sein,
bei mir gibts keinerlei Tabus.
Wenn du was willst, dann sage du's!
Ein jeder Wunsch sei dir verzieh'n!"

Ich sprach: „Ich mechd nach Osdberlin!"
Un dachde, als gewiefder Sachse:
„Da spar ichs Geld ein fier de Taxe!"
Die aber brüllt: „Du hast wohl 'n Doofen!?"
- So mußd ich schließlich doch noch loofen.

Wie ich so durch das Stadtbild rase,
komm ich ooch in die Mainzer Straße.*
Bei Mainz denkd man off jeden Fall
an Fasching und an Karneval.

Dadsächlich haddn viele Männer
sich angezoochn wie die Penner.
Se warn ooch außerdem maskierd
un ham viel Bleedsinn offgefiehrd.
Und ringsrum stand de Bolizei
und hadde ihren Spaß dabei.

1990

99

Off eenmal frachd e junger Mann
ganz nedd und höflich bei mir an:
„Ach, halten Sie das mal 'n Moment?"
- worauf er um die Ecke rennt.

Er driggde mir was in die Hand,
wo obendroff e Lichdl brannt'.
Das war wie ene greeßre Flasche
und furchdbar heiß, wie gliende Asche.
Ich denke: „Das had keinen Zweck,
wenn mers ze viel werd, schmeiß ichs weg,
eh ich de Pfoden mir verbrenne –
zumal ich ja den Mann nich kenne."

Ich schmiß es ford, so weid es ging,
worauf ein Audo Feuer fing.
Ich hadde, ohne es ze hoffen,
e Bolizeifahrzeug gedroffen.

Und dadurch saß ich – eins, zwei, drei –
schon wieder bei der Bolizei.
Und die had mir dann eingeschärfd,
daß ich nich in die Mainzer derfd'!

Ich saache: „Mir solls egal sein,
ich wohne doch in Reitzenhain!"
So ging es mir in Spree-Athen.
Ich kann nur sagen: „Dankescheen!"
Wo Häuser leerstehn, Audos brennen;
und so was will sich Haubdstadt nennen!
Ich selber halde nischd davon,
genausowenig wie von Bonn.

Ich denk, das besde werd wohl sein,
mir nehm als Haubdstadt Reitzenhain.
Der Ord is scheen zendral gelegen,
der deutschen Osdgebiede wegen.
Zur Zeid gehern se noch zu Polen.
Mir wern se uns schon wiederholen,
wie in dem alden Deutschlandlied.

Ich mach da gar keen Underschied:
Ob Österreicher, Schweitzer, Balten –
mir Deutschen müssn zusammenhalden!

Doch Reitzenhain werd ooch noch jetzt
in der Bedeudung underschätzt.
Mar had nich viel von uns erfahren,
weil mir eem zu bescheiden waren.

De Leipzscher ham, offgrund der Messe,
ja immer schon die große Fresse.
Jetzt heeßds, die Rebellion in Sachsen
wär bloß off ihren Mist gewachsen.
Jedoch der Blan, uns zu befrein,
stammd eigendlich aus Reitzenhain.

Wie ofd saß ich in meiner Kneibe
und sagte: „Erich had ne Scheibe!"
Der Kellner gab mir rechd: „Nu glar!"
Obwohl er bei der Stasi war.

Doch mir warn lange schon per du,
drum drigde er e Ohr meisd zu.
Er war ooch steds zeersd besoffen
und had die anern überdroffen.

Als noch in Leipzig alle schwiegen,
sin mir schon offn Disch gestiegen
und schrieen: „Die Scheiße brichd zesamm!"
– Heud siehd mar ja, wie rechd mir ham.

Mir ham ooch damals schon begriffen:
Das Volk, das is in Arsch gekniffen.
Und so is das bis heid gebliem -
ooch ohne SED-Regime!

Doch eens is scheen in unsern Dagen:
Mir derfn schedzde alles sagen.
Heud kann mar bläken: „Alles Misd!"
– ooch wenn man nich besoffen isd.

Das Volk stehd heude über allen
und läßd sich gar nischd mehr gefallen!
Das saachsch ooch meinem Firmenchef
fasd jedesmal, wenn ich ihn dreff.

Doch der schien das noch nich ze wissen
und had mich einfach rausgschmissen.
Nu bin ich meine Arbeid los.
Das had er nu davon, mei Boß!

Ja, mid der Zeid wern diese Herrn
uns Sachsen schon noch fürchden lern!
Dar Sachse had – ich saachs mal grob –
eem seinen eignen Biedenkopp.
Der Mann is wirklich zu begrüßen –
noch sin mir ja droff angewiesen.

Bald sparn mir uns die Westimporte
und lassn keen mehr rein von dorte.
E aufgeweckder Sachse kennd
inzwischen ooch das Managemend.
Ich bin ja arbeidslos zum Glück
un hab viel Zeid für Bolidik.
Was hinderd mich, dord einzusteigen?
Mir werdens den'n in Bonn schon zeigen!

Wer wird der nächsde Kanzler sein?
Nu glar! Der Schorsch aus Reitzenhain!

*In der Mainzer Straße wurde die erste Hausbesetzung in
Ostberlin durch äußerst massiven Polizeieinsatz beendet.*

Fortschritt

Die Oma nahm die Wasserkanne
und goß sie an den Birnenstamm.
„Denn" sagte sie dem künftgen Manne,
„der Baum muß was zu trinken ham."

Die Oma hatte kein'n Computer.
und auch ein Handy war ihr fremd.
Und dennoch schlief sie ein in guter
Gewissheit in ihr'm Barchent-Hemd

Ach Oma, kämst du einmal wieder;
was wir heut ham, wie stauntest Du!
Die Oma schlüg die Augen nieder,
als wollt sie sagen: „– und wozu?"

Klaus Lettke beim Zirkelabend

Unvergessliche Klage eines Vergesslichen

Ich bin vergeßlich, lasse alles liegen.
Ich staune selbst, daß ich noch etwas hab.
Doch dafür hofft umsonst, zurückzukriegen,
wer mir – ich weiß nicht wann – mal etwas gab.

Ich bin vergeßlich; mich einmal zu bessern,
bleibt selbstvergessner Wunschtraum ohne Sinn,
weil ich ja (neben anderen Vergessern)
auch noch vergeß, daß ich vergeßlich bin.

Ja, ich vergesse selbst, was ich nie wußte,
weil ich vergaß, zu wissen, was ich weiß.
Die Hand vorm Mund vergeß ich, wenn ich huste,
und das Papier vergeß ich, wenn ich – schreib.

Mich hoffnungsvoll an Glücklichen zu messen
bleibt leider ein vergeblicher Versuch,
die ab und zu ihr Taschentuch vergessen;
ich geh oft los nur mit dem Taschentuch.

Einmal vergaß ich, etwas zu vergessen.
Das war mein Glück, denn plötzlich sah ich klar:
Ein großer Einfall! – und ich rüh' mich dessen.
(nur weiß ich heute nicht mehr, was es war.)

Vom Wecker

Rasselwecker, Schreckgesell
früher Morgenstunden –
du hast mich die letzte Zeit
arg genug geschunden!

Heute ist das Maß nun voll,
ich steck dich in die Ecke
tief in meinen Kleiderschrank
zwischen Tuch und Decke.

Ruh dich aus, du laute Uhr,
daß die Zeiger lachen:
ohne dich will ich ab heut
Sommerferien machen.

Barmherzigkeit
Zur Plastik „Verhüllte Bettlerin"

Jenes kauernde, kleine Weib
müht sich,
in härenen Hüllen
ihr Antlitz
zu bergen.

Nur die Hände
brechen die Stille,
bitten,
die
vorübergehn.

Ernst Barlach:
Verhüllte Bettlerin (Barmherzigkeit)

Faksimile aus der Anthologie „Wenn Bilder reden", 1978

Hosentaschen leer machen

Hosentaschen mach ich leer –
alles leg ich raus:
Nüsse, Schnur und noch viel mehr,
aus Wolle eine Maus.

Einen Nagel hab ich hier,
eine Schraube von der Tür,
Wäscheklammer, Murmel, Stein –
das muß sein.

Schlüsselring, Bonbonpapier,
Bonbon aufgegessen,
Tannenzapfen, etwas platt –
hab wohl drauf gesessen.

Sandgekrümel, Taschentuch,
klitzekleines Bilderbuch,
Knopf und Bleistift, Ratzefummel
und mein Plasteteddy Brummel.

Wer tauscht meinen bunten Stein
gegen ein Stück Kreide ein?

Fiedelbogenmann

Fiedelbogenmann,
was der machen kann –
spielt uns fremde Lieder,
immer neue wieder.

Regenbogen über ihm,
Lieder hoch, wie Schwalben ziehn.
Kinder, hört die Fiedel singen,
laßt uns übers Feuer springen!

Fiedelbogenmann,
was der machen kann –
zieht von da nach dort,
morgen ist er fort.

Gemeinsame Lektüre
Arno Wienicke, Doris Luhnburg und Horst-Heinz Meyer

Küstensee

Ich werde dort
einen Apfelbaum und Kapuzinerkresse pflanzen,
wenn die Sonne brennt
in seinen Schatten flüchten,
mich an seinen Stamm lehnen.

Käme das Wasser
über die Ufer
sähe man
meine ausgebreiteten Arme.

Große Stadt I

In der großen Stadt
am Ende mit meinem Latein

Das Meer mit dem Himmel zu mischen
ziehe ich aus
will es wagen

und Weh
leg ich
in die Waagschale
ein bißchen Heimat
und Hoffnung
auf eine neue

und weiß
wenn nicht jetzt
dann nimmermehr

und mein Schicksal dreht sich
und ich weiß nicht
ob es gelingt
und ich will
nicht wissen
ob ich wiederkehr

Große Stadt II

Atem schöpfen
der Himmel über mir
doch
auf mich legt sich trauriges Grau

Schmerzlich sehne ich mich
nach
ungetrübt strahlendem Blau

Kleine Sterne
in Großmutters Augen
leuchten wieder auf

Erinnerung in der Frühe

Nass stecken die Füße der Obstbäume
In den Feuchtwiesen,
wartend auf Sommersonne.

Nachts trippeln ihre Seelen eilig
auf den Katzbuckeln der Dorfstraße
und laufen sich warm.

Artig folgen sie dem Schlag der Kirchuhr
und heften ihre Wünsche an den Turm,
wo das Käuzchen wohnt.

Bald, flüstern sie, bald schlagen wir aus
und blühen und duften und fruchten
und zehren von Erde.

Schütteln ab was uns schützt,
werden nackt mit dem Frost
und sammeln nackt die Kraft für die Reife.

25.12.2008

Fern und fremd, vertraut und nah

Waldesweg auf Graugestein,
meine Hand ruht im Moos.
Schlafend im Tannengrün
geht Sommerwind über mich hin.

Noch bist du der See,
der vor mir liegt,
verlockend, schön, tief.
Noch ist kein Steg,
der mich zu dir führt.

Noch trennt mich schilfgürtelbreit
ein schwarzer Morast.
Im Traum sag ich deinen Namen,
rufe ihn dir zu.
Ich rufe dich, rufe laut
nach uns.

15.12.2008

Grenze

Drückt die Hände, Kameraden!
Drüben liegt das fremde Land.
Lasst uns scheiden, doch uns bindet
unserer Kämpfe Bruderband.

Drückt die Hände, Kameraden!
Ja, wir dürfen noch erleben,
dass die starken freien Menschen
sich zum Widerstand erheben.

Drückt die Hände, Kameraden!
Denn wir geh'n zu andren Fronten,
wo wir sagen, wo wir rufen,
was wir hier nur flüstern konnten ...

Drückt die Hände, Kameraden!
Drüben liegt das fremde Land,
doch wir leiden, doch wir leben
mit dem stolzen Felsenland.

geschrieben im Internierungslager Arvika, Schweden
am 02.01.1942

Die bittere Frage

Die auf diesen Weg dich lockten –
Wirst sie wirklich einmal richten?
Oder sollen andre, F r e m d e,
dieses deutsche Werk verrichten?

Viele sind, sie wollen nicht mehr
den blutbesprengten Namen tragen
Viele sind, sie wollen sich,
jener Heimat rasch entschlagen.

Wer wird dir in fernen Zeiten,
deutsches Volk, auch ferner trauen?
Wirst in schweren, schweren Mühen
Brücken zu den Völkern bauen.

Ich, der Pauker von Niklashausen

Ich bin der Pauker von Niklashausen,
ich pauke, ich pauke, ich pauke zum Tanz!
Wollen die Herren gar prassen und schmausen,
ich pfeife, ich pauke im Fackelglanz!
Doch hört ihr nicht schon ein dumpfes Brausen?
Höret ihr schon der Spieße sausen?
Die Lieder, die Lieder, sie brausen, sie brausen,
ich pfeife, ich trommle, ich pauke zum Tanz!
Fordern die Bauern? Lasset sie hausen,
ich Pauker Hans von Niklashausen,
ich pauke zum Tanz die Grete, den Hans.
Höret der Knechte gewaltig Brausen ...
Herr Pfaff und Herr Ritter, mag's euch nicht grausen?
Ich, der Pauker von Niklashausen –
Herr Vogt und Herr Graf, ich pauke zum Tanz!
Vom Blut glühen Leiber, Hände und Wangen,
schlimm, schlimm ist es ergangen
dem Peter, dem Paul, der Grete, dem Hans!
Die Herren, sie schinden um Gold im Lande,
der Pawer, der stöhnt und verreckt in der Fron,
die Herren höhnen, sie kichern der Schande,
und Schande und Hohn waren Bauernlohn!
Auf, Spielleut und Pfeifer von Niklashausen,
spielet auf zum großen Tanz!
Lasst Morgensterne und Dreschflegel sausen,
die Armen wollen vom reichen Tisch schmausen,
pauket zum Tanz den Paul und den Franz!
Gelüst' Euch, Herr Vogt, gelüst' Euch, Herr Henker,
ei, ja, so tanzet zur Pauke den Tanz!
Mir ist der Ruf, der Weckruf ergangen,
pfeife, und fiedle und pauke zum Tanz!
Nannten sich Künder und zischten wie Schlangen,
nannten sich Richter und schlugen und hangen,
weh, aweh seufzet in Bangen,
weh, aweh seufzet der Hans!
Als Adam grub, 's Evalein spann,
sie fronten keinem Edelmann,
leer gähnt die Hütte, hoch glänzt das Schloss,

Herr Ritter und Marschall im güld'nen Geschoss!
Euch Pawern kein Schrecken, euch komme kein Grausen,
ich mahne, ich rufe die Grete, den Hans!
Ich höre der Kommenden sturmhelles Brausen,
ich, der Pauker von Niklashausen,
ich pauke der Freiheit blitzenden Tanz!
Ich pauke hinweg die Angst und die Sorgen,
ein Lied ich pfeif' für Grete und Hans!
Herr Ritter, Herr Henker, euch graut noch ein Morgen,
eia, so hüpfet im lustigen Tanz!
Nun bitte, Herr Vogt, nun bitte, Herr Graf!
Eia, wir leuchten im blutroten Glanz!
Der Pawer, der Pawer, der kömmt euch gar zausen!
Heia, wo bleibt ihr, der Paul und der Franz?!
Ich bin der Pauker von Niklashausen,
ich pauke und pauke in Ewigkeit!
Ich höre der Lichtzeit Sausen und Brausen,
ich pauke zu Schand' die Lügen und Flausen!
Ich pauke den Hans und die Grete bereit.
Ich pauke, da pauke, da pauk' ich zum Tanz
und wo die Sauger, die Herren erbeben,
da stehen bei mir der Paul und der Franz!
Wir woll'n ein gar fröhlich Hochzeit feiern!
Ei, leuchtet im Schloss nicht der rote Glanz?
Wo tanzt Ihr, Herr Ritter, wo tanzt Ihr, Herr Henker?
Wir pauken den Kehraus im Tanz, im Tanz!

Stockholm, 1942

ACHTUNG, Herr Hauptmann Krüger!
Das wimmelt so zahlreich am nordischen Meer,
das schwatzt und trapst geschäftig einher
mit den festen zerschmissenen Rosabacken,
dem dreifach gefalteten Fettspaltnacken
und diese Weiber anzuschauen:
Miss Hässlichkeit, das Nazigrauen!

Na, Junge, das haben wir schon mal erlebt,
wie haben wir damals vor Zorn gebebt,
wie grölte das Heil! So gierig, so fleißig
im Jahre des Unheils dreiundreißig!
Ha, Herr Konzerndirektor Krüger
fühlt sich hier als großer Sieger!
Das spielt hier Herr am blaugrünen Fjord,
das plärrt vom Großreich im nordischen Nord,
das muschelt herum mit großen Gebärden:
Wat heißt hier Norwejen? Schon fertich werden!
Ach, Widerstand, Mann, das ist doch Quark!
Janz Norwejen –
              Achtung!
                   Stillgestanden!
Augen – rechts!
         Im Gleichschaltungsschritt
                   Rechts schwenkt marrrsch
                        In den Gau Nordmark!

Wissen Sie, Krüger, was ich Ihnen sage:
Aus einem Tag da werden mal Tage!
Das frisst die Flamme langsam los
ein Stückchen Lehm von dem Koloss
und eines Tages, in Rauch, in Flammen,
da stürzt Ihr Drittes Reich zusammen!

Da geht ein Ruf durchs Felsenland
und dieser Ruf gellt: Widerstand!
Gestapo her? Verhaften lassen?
D E R Widerstand ist nicht zu fassen!
Den tragen die Berge, den tragen die Wälder,
den tragen die Fjorde, den tragen die Felder!
Und hör'n Sie, Herr Krüger, da kommt ein Tag,
da man die Rechnung fordern mag!
Das ganze Land Sie fragen will:
Herr Krüger, de kom den niende april?
Na, fühlen Sie nicht jetzt schon in Gedanken
den Felsenboden unter sich ... schwanken?
Frau Krüger, Frau Lehmann, Ihr fettes Gekicher,
na, fühlen Sie sich hier in Oslo
So – sicher, so – sicher?

Horst-Heinz Meyer

In Köln am Rhein

In Köln am Rhein, berichten Reisende von dort,
Erschienen im geschäftigen Mittagstreiben
Drei Frauen vor dem Dome tief in Schwarz.
Mit drei schwarzen Stöcken schlugen sie
Auf Pflastersteine dreimaldrei und wieder
Dreimaldrei!
Sie riefen, so vor einem Halbjahrtausend
Ward hier die Pest gemeldet ...
Die käme wieder, greife über See,
Wehrt Euch!
Schrien auf, vergingen jäh im Sonnenlicht ...

Gruß an Tucho!
oder: Herr Wendriner badet FKK in der Ostsee ...

Morjen, jaha, Morjen allerseits, wie jehts denn, na, Bademeister wie bei Tucho ganich da, brauchen wir hier auch ganich, zieh mich eben ganz aus, ratsch, ist der Hemdkragen kaputt, natürlich im neuen Campinghemd! Muss den Leuten mal einen dicken Brief schreim, bin ich Planungsleiter oder bin ichs nicht?! Irgendwie stimmt hier was mit der Hose nich, bin ich zu dick oder ist die zu eng? Na, endlich ganz frei, hätte der Tucholsky mal vor fuffzich Jahren erleben sollen, in Schloß Gripsholm am Strand mit der Prinzessin, hat er aber nich.

Sonst ganz hübsche Figuren hier. Hatten wir sechsunzwanzich in Motzen auch. Sowas war ja damals unahört! Was, wahas; wer taucht denn da auf, FKKgemäß? Halloooh, huh, Weeelsch, tach, tach, wie jehts denn? Auch, nanu, in Gesellschaft, ach so – Kollejin Sekretärin? Na ja, gesellschaftliche Freizeitgestaltung, nich? FKK, feste auf Kundenkosten, haha. Meine Frau – ? Wissense, ich erhole mich von meiner Frau FKK an der Ostsee, und meine erholt sich von mir FKK in Berlin!

Schwupp. Eine Welle mir auf den Rücken. Ihnen auch -? Aua, kann man sich hia nich mal vorsehen, tolles Gedrängele hier bei fünf Kofferheulen, na ja, richtiges Nackt- aber nicht Nachtkaberett, haha! Welch, was sind se jetzt, Gottsollschützen?! KWV-Direktor? Na, Sie wollten schon immer das Interessante und Unmögliche. Ach so, früher Grundstücksmakler, ja. Fachleute braucht man. Schwimmse mal mit mir 'raus ein Stück?

Sehnse mal, man muß sich immer von der richtigen Welle tragen lassen, nich, machte das bei Tucho auch schon so. Welsch, was soll ich da hören, was ham Se gemacht? Die Altbauten in der Friedrichsfelderstraße wollen sie jetzt schon räumen lassen, wegen dem Kombibau? Hätt` ich nich gemacht ...

Tja. Leipziger Messe jetzt? Muss hin, ooch auf einer großen Welle, Fahre hin, ja, Ideen für mich verbrauchende Verbraucherkunden haben. Ja. Vetter Jack kommt auch. Als Vertreter. Wieso er sein Geschäft in Köln nicht mehr hat? Sagense mal. Welsch, könnense sich an nischt mehr erinnern? Na, wir sind ja aus dem lange raus, FKK heißt drüüm: Feste auf Kosten der Kleinen!

Seine Tochter –? Na die strippt, stellensesichmal diss vor! Wo –? Na in Köln, Düsseldorf, Hamburg, Saint Tropez, Costa

Brava, natürlich nur in erstklassigen Häusern, mit sozialer Betreuung und Jahresurlaub, Sozialpartnerschaft nich, Vetter Jack hat da seine guten Beziehungen! Sie, die verdient mir mehr jeden Abend als Vetter Jack Gottbehüte bei T & K in Frankfurt! Meine Tochter? Ock FKK. Wasse wird? Bei mir im Betrieb – nee. Bei dem Gehalt? Wer wird da schon Verkäuferin? Nee, Sie, die will mir in die Elektronik, Datenverarbeitung und so ...

Aua, jetzt wieder ne Welle übern Kopp. Was müssense, Welsch? Nach Berlin zurück. WEEBEEAA-Versammlung wegen der nich jemachten Hausfassade in der Bötzowstraße? Und Jahresabrechnung vorbereiten und fahnse jetzt schon?! Na ja, Ihre Kollejin winkt schon. Fahnse von Bansin wirklich gleich nach Berlin? Mit der Kollejin? Ihre Frau? Ach so, in Prerow. Sehnsemal, da sind Regierer und Dessauer, sind die ooch hier? Huhu, Regierer, kommense rüber, hier sind die Wellen wärmer!

Also Welsch, Wiedersehen, gute Fahrt mit Unterhaltung bis Berlin. Wissense, ist doch schön, wenn man mal Bekannte trifft und sich mal von Jeschäft und Betrieb so richtich ausspannen kann – !

Dankeschön Tucho!

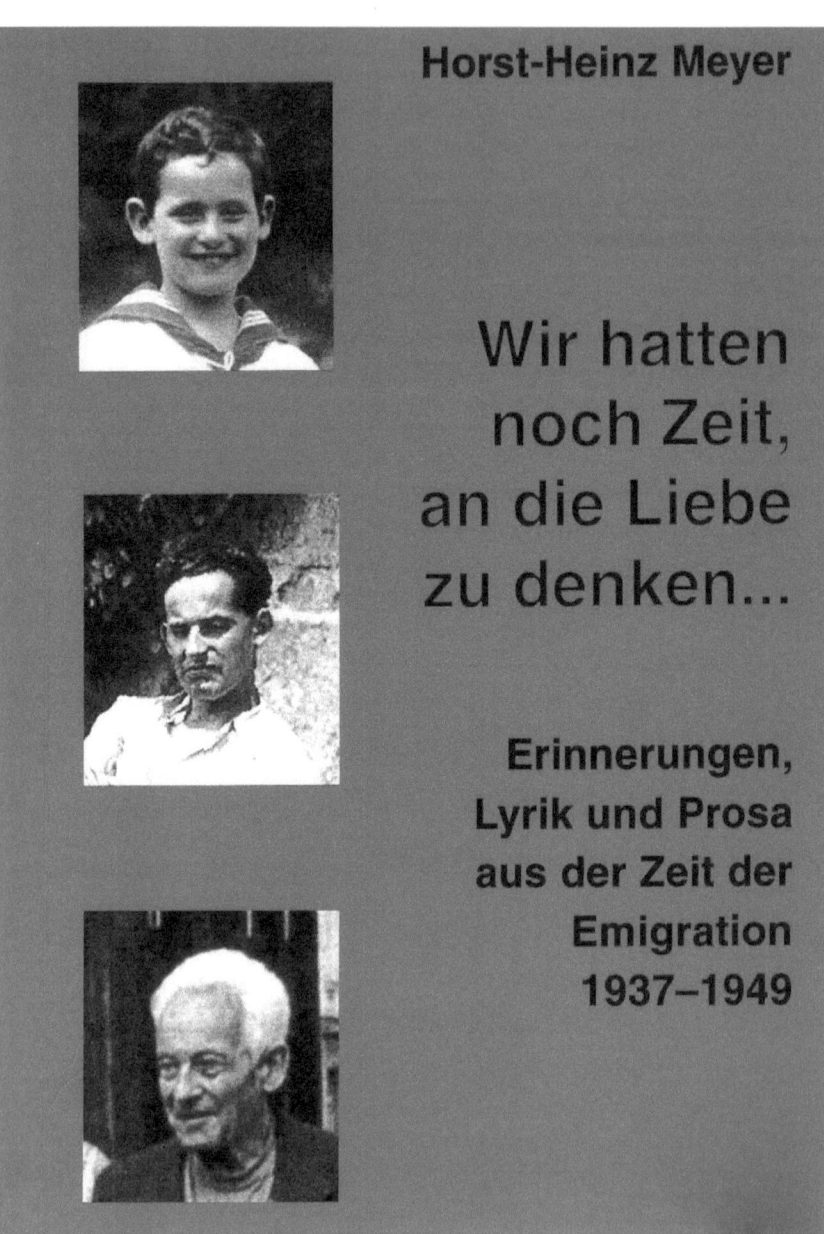

Horst-Heinz Meyer

Wir hatten noch Zeit, an die Liebe zu denken...

Erinnerungen,
Lyrik und Prosa
aus der Zeit der
Emigration
1937–1949

Horst-Heinz Meyer, Portraits aus drei Lebensabschnitten

Goodbye DDR

Ulla Sanders Wohnung war kalt, die Heizung war abgedreht worden. Das Schönste an ihrer 2-Zimmerwohnung im 3. Stock war die weite Sicht auf die grüne Gartenanlage, die Nähe zur S-Bahn und natürlich der Außenwandheizkörper, der jetzt aus war. Wo er nur bleibt? Dachte die Frau, die am Fenster stand und in den Dezembermorgen hinausschaute. An sich war noch genügend Zeit, sicher, aber man weiß nie, was an Unvorhergesehenen alles passieren kann. Die S-Bahnen fuhren fast immer pünktlich, aber vielleicht wurde sie im Tränenpalast widerwillig und zögerlich abgefertigt oder vielleicht auch noch intensiv kontrolliert. Alles auszupacken war das Schlimmste, was ihr widerfahren konnte. Ulla Sanders mußte heute aus ihrer Heimat unbedingt raus, sonst war die einjährige Hartnäckigkeit umsonst. Sie wurde zunehmend unruhiger. Die zwei großen Koffer und die Tasche mit der Verpflegung standen bereit. Zum Hundersten Mal schaute sie auf ihre Armbanduhr und prüfte im Umhängetäschchen die Dokumente .... Jetzt konnte der Kerl aus dem Erdgeschoss nun aber wirklich kommen, den sie gebeten hatte, beim Transport ihres Gepäcks bis zur Grenze behilflich zu sein. Sie stellte die Campingliege mit dem weißen Bettzeug, auf der sie die Nacht kaum geschlafen hatte, sowie das geblümte Kaffeegeschirr, das sie der jungen Familie versprochen hatte, auf den Gang raus.

Ulla erinnerte sich, dass mehrere Hausbewohner über die jungen Eheleute schon mehrmals geklagt hatten, dass es nachts gleich durch die Fenster, statt durch die Türen raus und rein gehe. Verunsichert hängte sie sich ihr Täschchen um, trug alles Gepäck raus und schloß hinter sich ihre leere Behausung ab. Als sie unten vor der Wohnung der jungen Leute stand, war die Tür nur angelehnt. Ulla vermutete sofort, es sei etwas Schreckliches geschehen und drückte die Tür vorsichtig etwas weiter auf. Sie hörte nur Stöhnen und Schnaufen. Das Pärchen machte im Halbdunkel gerade Liebe. Dieser Strolch! Grinste Ulla, warf die Schlüssel in den Briefkasten, schleppte keuchend ihr Gepäck zur S-Bahn, den Tränenpalast passierte sie erschöpft ohne eine Kontrolle, und den weißen Strich auf dem Bahnsteig überschritt sie vorschriftsmäßig erst beim Einstieg in die S-Bahn nach West-Berlin.

Siegfried Modrach

Es ist ein Trotz in mir
(*Manuskript*)

Nun seid ihr also wieder da, ihr monetengeilen Götzendiener.
Nachdem ihr selbst schon nicht mehr dran geglaubt,
fiel dieses Land wie eine reife Frucht euch in den Schoß.
Und aller Haß, den ihr gehegt auf dieses Land von Anfang an
und den ihr Etliches euch kosten ließet –
er hat sich ausgezahlt mit Zins und Zinseszins.

Im ersten Taumel des Triumphs kamt ihr daher
mit Gönnermiene und mit Bankertücke.
Ihr sonntet euch im Jubel der Claqueure und der Ahnungslosen
und saht zugleich nach dem Terrain, das wir aufs Spiel gesetzt.

Satrapen schicktet ihr wie eine Plage zu uns aus.
Sie kamen mit Monopoly und Taschenspielertricks.
Und während wir noch ölge Reden hörten
von Freiheit, Würde und von einig Vaterland,
da faßten sie bereits in unsre Taschen
und wühlten alles um und um.
So nahmt ihr in Besitz oder warft fort
nach eurem Gusto,
was nicht das Eure war.
Und das am hellichten Tag.

Seit eurem ersten Wutschrei auf das Land,
das euch verloren ging, hab ich gewußt,
daß wir im Guten nicht mehr zueinander finden.
Und hab gewußt: Sollt einmal eure Stunde kommen,
ihr würdet keine Ruhe geben,
bis der von uns gepflanzte Baum samt seinen Wurzeln wär
                                            verbrannt,
aus Furcht, es könnten neue Triebe wachsen.
Und hab gewußt, ihr würdet Richttag halten über uns.
Denn was wir wagten, ging euch bis ins Mark.

Ihr kamt nicht mit dem Standgericht, als diese Stunde schlug.
Ihr kamt mit eurem Mahlwerk legitimierter Heuchelei.
Ihr, die ihr nie gebüßt, obgleich ihr Grund genug gehabt
und habt zu jeder Stunde eines jeden Tags,
verlangt, ich solle Buße tun,
ich solle mich in Sack und Asche hüllen
und um Vergebung bitten für den „Irrtum".

Ich aber hab mit euch nichts abzumachen.
Mein Wert des Lebens ist der eure nicht,
und auch mein Irrtum ist ein anderer, als ihr meint.

Nur vor mir selbst und meinesgleichen,
da will ich Red und Antwort stehn.
Und meine Trauer dauert fort,
daß uns der Baum verkam durch eignen Unverstand,
daß wir auf billige Manier verspielt, was wir erstrebt,
und nun die Bitternis ertragen müssen.
Doch diese Einsicht hab ich euch voraus.

Es ist ein Trotz in mir:
Wie lange euer Sieg auch währen mag –
gemessen an dem Lauf der Welt,
bleibt es ein Pyrrhussieg.

Denn ihr seid nicht der Zukunft letzter Schluß.

Arbeitslos
(Manuskript)

Da sitz ich nun an meinem letzten Tag,
vor mir PC und Phon und Unterlagen,
(falls jemand kommt nach einer Reise fragen).
Ich fühl mich wie nach einem Keulenschlag.

An diesem Tisch, da saß ich Jahr für Jahr,
erfüllte Leuten ihre Urlaubsträume,
wenn ich heut Abend meinen Platz hier räume,
weiß ich noch nicht, wie komm ich damit klar.

Es stimmt, es sah nie allzu rosig aus,
es wurden weniger – ein schlechtes Zeichen,
und hoffte doch, es würde für mich reichen,
doch morgen flieg ich nun hier raus.

Als ich's erfuhr, da wurde mir ganz kalt,
nehm' seitdem Pillen, drüber wegzukommen,
doch tief in mir, da fragt ich mich bekommen:
Was wird aus mir, ich bin doch längst zu alt?

Nur heut' noch, dann macht unser Laden Schluß,
das Schlimmste, daß ich das sogar verstehe,
wenn ich in uns're leere Kasse sehe.
Ich ahnte längst, daß es so kommen muß.

Ab morgen nun wird alles anders sein,
ich werde mich wohl dumm und dämlich schreiben –
Bewerbungen, die ohne Antwort bleiben,
bis zu dem Punkt: Jetzt füg dich endlich drein.

Vor diesem Punkt ist mir besonders bang,
bald heißt es, jeden Cent herumdrehn müssen
Und mit sich selbst nichts anzufangen wissen,
läufst ohne Sinn am Rand des Lebens lang.

Sanftes Land

Für ein paar Tage bin ich aufs sanfte Land gezogen,
dort blicken meine Augen frei und weit,
und auch mein Herz, das eben noch geflogen,
jetzt schlägt's gemächlich, wie von Last befreit.

Nur eine Stunde fern von Atemlosigkeiten
ward mir so eigenartig leicht im Nu,
und in des Tales weich geschwungnen Weiten
umgibt mich endlich die ersehnte Ruh,

Ich steig zu einem klaren See in Tales Grunde,
im stillen Wasser seh ich mein Gesicht
verwandelt nach der einen knappen Stunde,
das ich an Täuschung glaube durch das Licht.

Servus Loisl

ein Nachruf – von Siegfried Modrach

Ach, wie hast du uns begeistert,
wie an Grenzen uns geführt,
weil der Stoff, den du gemeistert,
oft an ein Tabu gerührt.

Großes Thema war die Liebe
zwischen Menschen nahverwandt,
jene bittersüßen Triebe,
die als Inzest uns bekannt.

Hei, welch knisterndes Sich-Sehnen,
wenn die Mutter mit dem Sohn,
welch ein lustdurchkeuchtes Stöhnen,
g'schwisterlicher Liaison.

Immer wieder Neuerfahrung
von variatio delectat,
sexueller Offenbarung
im Familienpensionat.

Doch was alles du beleuchtet
mit dem Licht der Sinnlichkeit,
was stets libidodurchfeuchtet,
ging ästhetisch nie zu weit.

Denn was du an tollen G`schichten
brachtest auf die heiße Spur,
trug den Zauber von Erdichten
und ward stets Literatur.

Leer der Platz, wo du gelesen,
auch kein Manuskript davor,
wer es weiß, wie du gewesen,
hat die Stimme noch im Ohr.

Aquarell von Siegfried Modrach

Die musikalischen Eisenbahner
Notenblatt von Siegfried Modrach

Erbschaft

Er hat einen Namen
Und läßt es uns spüren.
Er trägt diesen Namen
Und viele Allüren.

Er hat einen Namen,
Wer fragt da: „Was tat er?
Er hat s e i n e n Namen
Von Mutter und Vater!

Es sind die leisen Töne

Es sind die leisen Töne, die ich liebe.
Ein sanftes Wort vielleicht. Ein Flüsterton.
Ein zartes „Du", bei dem ich gerne bliebe,
und wenn ich gehen muß, dein „Schon?"

Es sind die leisen Töne, die ich liebe.
Und ein Gedicht, das ich kaum hörbar schriebe.
Es sind die leisen Töne, die ich liebe.

Das leise Ticken einer Pendeluhr.
Ein Wort nur „Bleib", bei dem ich bei dir bliebe,
und auch dein Schweigen. Doch das nicht nur.

Zwiesprache
für Annelies U.

Ich lieg' bei dir und sammle Kraft.
Für alles, was noch ungetan.
Für alles, was ich nicht geschafft.
Was deine Augen noch nie sahn.

Ich tauch' heraus aus deinem Blick,
der blauen Tiefe zweier Seen.
Der Fährmann setzt mich sacht zurück.
So kann ich wieder zu dir gehen.

Da

Da hab' ich Brot mit dir gebrochen.
Und einen Trunk mit dir geteilt.
Und habe mich dir fest versprochen.
Da bin ich nachts zu dir geeilt.

Da ist der Platz, wo ich allein war.
Und ist der Baum, der mir gefällt.
Und ist der Traum, der doch nur Schein war.
Da ist der Plan von meiner Welt.

Da sitzen Jahre in den Falten.
Da steh'n Jahrzehnte für Verzicht.
Da kann die Zeit all das nicht halten,
weil man vorschnell viel verspricht!

Der Keiler Grunzi Ringelschwanz

Der Keiler Grunzi Ringelschwanz
Vollführt heut' einen Freudentanz.
Er liebt die Schweinedame Li,
Ein rosafarbenes Borstenvieh!

Doch da sie ihn nicht gleich erhört,
Ist Grunzi, wohl mit Recht, empört.
Statt Grunzen hört man ihn jetzt wimmern:
„So ist das mit den Frauenzimmern ..."

Herbst im Friedrichshain

Blattgirlanden, frohes Treiben,
Windesrauschen, Sonnenschein.
Hagebutten, Trauerweiden,
Entenschnattern, Glücklichsein ...

Wanderwege, stille Winkel,
Wasserglocke, Eichenlaub.
Manchmal auch ein feiner Pinkel
Und natürlich etwas Staub ...

Freizeitspaß, Erholungsstätte,
Kraftquell, Park für jedermann.
Kinder rennen um die Wette,
jung und alt, wie man es kann ...

Kinderwagen, junge Bräute,
Mont Klamott und freier Raum.
Märchenbrunnen, Staudengarten,
Kleinheit groß und doch kein Traum ...

Blattgirlanden, frohes Treiben,
Windesrauschen, Sonnenschein.
Hagebutten, Trauerweiden,
Entenschnattern, Glücklichsein ...

DuDeinBaumDeinWaldgrund

Wenige Jahre, für eine Eiche
wie für Menschen.
Gleiche Lebensfreude hat sie
wie Du.
Wir reden dort,
umarmen uns.
Schmieg ich mein Gesicht an Deine grün bemooste Rinde.

Auch an das Schildchen,
dem Baum aufgezwungen.
Viele seiner Blätter
braun, gefallen.
Weit breite ich die Arme drüber,
den ganzen Körper.
Schmiege mein Gesicht an Deinen Boden.

In der Wohnung
die Sonnenblumen an den Wänden
schwarz gesprayt.
Du mit frischen Blüten Deiner Lieblingsfarbe
neben mir, wo immer ich auch sitze.
Lebhaft lachst Du auf dem Foto.
Mit dem Trauerflor.

21.6.2012

Busfahrer

oder: Reminiszenz zu einer Lebensphilosophie

Anfang Februar, abends um Dreiviertel sechs, da ist's duster. Aber Reica war interessiert am Schreibzirkel, und der fing nun mal sehr spät erst an, ging bis tief in die Nacht, also musste sie jetzt los. Zum Glück fuhr der Bus zurzeit noch alle zehn Minuten, auf der Rückfahrt nur alle zwanzig, das war schon blöder, besonders für sie, die immer sehr früh aufstand und deswegen pünktlich ins Bett wollte. Noch fünf Minuten Wartezeit, als sie die Haltestelle erreichte, also setzte sie sich. Hier war's besonders finster – waren noch Straßenlaternen ausgefallen? Es kamen heute nicht mal weitere Leute, die mit warteten, sonst wurde um diese Zeit immer ziemlich voll, eben Feierabend. Wenigstens holte sie ihren Fahrausweis schon raus, behielt ihn in der Hand, um nicht erst nach Einsteigen suchen und wühlen zu müssen, die Weiterfahrt dadurch aufzuhalten.

Busfahrer werden zwar bestimmt regelmäßig ärztlich untersucht, garantiert auch ihre Augen. Schließlich haben sie die Verantwortung für 'ne ganze Menge Menschen. – Aber mehr als die normale menschliche Sehfähigkeit geht nicht, und rein biologisch ist der Mensch nun mal nicht nachtaktiv. Also stand Reica auf, als die Busabfahrtzeit herankam, um nicht übersehen zu werden in all der Schwärze.

Ah! nach 'ner Weile kam da hinten auch der Bus. Erst mal musste er ja noch an der Kreuzung warten, aber nach der befand sich gleich die Haltestelle. Warum fuhr der denn immer weiter auf der linken Spur, statt auf die rechte und an den Fahrbahnrand? Sah der Fahrer sie nicht, obwohl sie nun schon stand, direkt neben dem Haltestellenschild?! Es waren auch andere Autos mit über die Ampel gekommen, auf beiden Spuren, aber sie brauchte nun mal den Bus. Mit dem nächsten würde sie zwar auch noch pünktlich kommen, aber zehn Minuten noch mal warten, das war nun wirklich nicht sehr prickelnd. Außerdem hat, wer diese unverschämt hohen Fahrpreise immer brav zahlt, ein Recht auf zuverlässige Beförderung! So trat sie einfach auf die Fahrbahn und rief und winkte. Zum Glück musste der Bus da gerade halten, weil die Autos vor ihm sich stauten. Da sah der Busfahrer Reica, und erkannte offen bar, dass das hier 'ne Haltestelle war, mit sogar einem Fahrgast, der mitwill. So öffnete er – einfach mitten auf der linken Spur – die Eingangstür. Sie hechtete hinein, zeigte ihren Fahrausweis und stieß hervor: „Ich dachte schon, Sie übersehen mich ...!" Darauf er: „Das hätte ich auch fast. Aber nun, jetzt so, hätte ich Sie beinah überfahren!" Und setzte kurz danach hinzu: „Aber dann hätten sie wenigstens endlich Ruhe gehabt von allem ..."

Da hätte sie ihn am liebsten in die Arme genommen.

Aber das erlaubt ja nun unsere scheißkalte deutsche Kultur nicht, einen völlig fremden Mann zu umarmen. Außerdem hatte der jetzt nicht Freizeit, sondern arbeitete, arbeitete zudem streng zeitgebunden. So brummte sie nur was, das alles hätte heißen können, und suchte sich einen Platz. Dieser arme Mensch litt vielleicht an 'ner Depression, machte trotz der Krankheit seine Arbeit. Oder er war genauso beschissen dran wie sie seit vielen Jahren. Ohne Partner, ohne Freunde, Vertraute. Ach Busfahrer Du, der Du hier so getreulich Deinen Dienst machst – wärst auch Du nicht böse, wenn alles vorbei wäre? Über welche kleine liebe Geste außer einer Umarmung könnte er sich denn sonst noch freuen und merken, es gibt Menschen, die ihn mögen? Aber viel mehr als die Schreib-Utensilien hatte sie nicht bei sich. Und über ihre sieben Stationen Fahrstrecke stieg niemand mit einem Blumenstrauß ein, die oder den sie gebeten hätte, ihr eine einzelne Blüte zu verkaufen, für den Busfahrer.

So konnte Reica schließlich nur aussteigen.

Wird ihn nun nie wiedersehen.

Ihren Busfahrer, der so genau Bescheid weiß über das Leben.

7.8.2011

Seelia Nahst, Friedwald

Morgens in Berlin

Der Morgen graut, die Taube gurrt,
die Stadt erwacht zum Leben.
Der Wecker stöhnt, die Katze schnurrt,
sie muss sich nicht erheben!

Der Himmel ist ne dicke Wand,
drauf malen Krähen Kreise.
Hab schon 'ne Kippe in der Hand,
der Kaffee tröpfelt leise.

Der Müllcontainer scheppert roh,
die Katz jagt durch die Räume,
das Frauchen hastet ins Büro.
Verpufft die süßen Träume.

Die Masse quetscht sich ungestüm
In engen U-Bahn-Schächten.
Im Wagen riecht es nach Parfüm
und nach durchzechten Nächten.

Die Ampel zeigt schon wieder rot,
ich wird es grad noch schaffen.
Da fährt ein Raser mich fast tot
und die Passanten gaffen.

Ach, könnte ich ein Kätzchen sein,
ich finge große Hummeln
und legte mich ins Körbchen rein,
den Morgen zu verbummeln.

In der Schönhauser Allee

Durch den Prenzlauer Berg, juchhe,
führt stolz die Schönhauser Allee.
Geschwängert die Berliner Luft
Vom Diesel- und vom Dönerduft.
Viel Leben, wo ich geh und steh,
hier in der Schönhauser Allee.

Arbeiter, Rentner, Mutter, Kind
eiln über Stock und Stein geschwind.
Ein Punk mit seinem kleinen Hund
ist glücklich, ihm schlägt keine Stund.
Wählt hoffnungsfroh APPD
hier in der Schönhauser Allee.

Seh Läden, sehe Restaurants
und ferne Länder wie in Trance.
Kleider aus Mali und Peru,
aus Nepal Schmuck, aus Rom die Schuh,
ess Nudelsuppe aus Taipeh
hier in der Schönhauser Allee.

Bierdosen liegen rum im Dreck.
Was soll's? Ich kick sie einfach weg.
Ein Rapper feiert wild ein Fest,
ein harter Drink gibt ihm den Rest,
ein Glatzkopf wankt vom BFC
hier in die Schönhauser Allee.

Bei Konnopke am Stand, oh weh,
steht wer auf meinem großen Zeh.
Würzig und heiß die Currywurst,
ein kühles Pils löscht meinen Durst,
während ich manchen Promi seh
hier in der Schönhauser Allee.

Ins Kino, einst ein Pferdestall,
strömt Alt und Jung von überall,
Kauft Cola, Popcorn, Tickets ein,
drängt in die Kinosäle rein,
bestaunt das Monster und die Fee
hier in der Schönhauser Allee.

Arcaden, du Konsumpalast,
raubst manchen Euro deinem Gast.
Wie die Bekloppten kaufen sie,
ganz stumpf und willenlos wie Vieh.
Ein armer Bettler sitzt im Schnee
hier in der Schönhauser Allee.

Ein alter Opa singt voll Hohn
Ein Spottlied zum Akkordeon.
Verkäuferinnen sind geschlaucht,
es wird 'ne Kippe schnell geraucht.
Der Yuppie trinkt sein' Milchkaffee
hier in der Schönhauser Allee.

Die Glocke von Gethsemane
trägt in die Straße die Idee
von Frieden und Gerechtigkeit,
vom Aufbruch in der Wendezeit.
Die Freiheit ist kein alter Schnee
hier in der Schönhauser Allee.

Doro, Marion und ich

Heut verfass ich einen Reim
Über unser Mädchenheim,
über Marion und mich,
ja, und Doro, über Dich!

Ihr zwei Mädels aus dem Pott
wart stets aufgelegt zum Spott.
Oh, ich kenne noch genau
Unsern Gruß: „Komm, alte Sau ...“

Arbeitsdienst im Bügelsaal,
Naziweib, du kannst uns mal!
Hast umsonst uns angefaucht,
dass ne deutsche Frau nicht raucht.

Sonntagsgottesdienst, ein Muss,
bei Professor Hasenfuß.
Wer dagegen aufbegehrt,
ward im Waschraum eingesperrt.

Haben Mandrax aufbewahrt,
Pillen von besonderer Art,
sonntags gingen wir spaziern,
krochen fast auf allen Viern.

Die Klamotten im Versteck
fand die Nonne, welch ein Schreck,
und vereitelt war die Flucht,
damals herrschte strenge Zucht.

Trotzdem haben wir gelacht,
haben es uns schön gemacht,
malten, tanzten, hörten Rock,
hatten auf das Leben Bock.

Ach, das ist schon lange her!
Heute wird das Herz mir schwer,
weil du nicht mehr bei uns bist,
hast dich einfach so verpisst.

Liebe Seele, hast nun Ruh,
irgendwann komm ich dazu,
fehlt nur noch die Marion,
doch die findet uns dann schon.

Aus heiterem Himmel

Die Liebe schien uns wie die Sonnenstrahlen,
so hell und warm, voll Heiterkeit und Leben,
vermochte Kraft und Fantasie zu geben,
uns kühne, bunte Träume auszumalen.

So heiß ihr Brennen, dass wir fast verglühten.
Drauf zogen dunkle Wolken sich zusammen.
Ein Blitz schlug ein, und alles stand in Flammen,
zerstört für immer, wie wir uns auch mühten.

Der Sommer starb, kaum dass er angefangen.
Verflucht der graue Tag, als du gegangen.
Dahin der lichte Glanz, der uns einst zierte.

Die Sonne sank. Die Träume, sie verblassen.
Verzweifelt irr ich durch die finstren Gassen.
Die Kälte kam, und Lüge triumphierte.

In einem deutschen Kleingarten

Komm in meine
Liebeslaube
nur hereinspaziert
Fuchs und Hase
und die Taube
sind kontaminiert

Und die Luft
sie riecht nach Eisen
riecht nach Blut und Tod
Deutsche Panzer
deutsche Waffen
bringen Krieg und Not

Kinder hungern
Menschen sterben
Elend auf der Welt
Alle reißt sie
ins Verderben
hartes deutsches Geld

Mensch die Erde
unsre Erde
ausgeraubt verbrannt
Doch ich kenne da
ein Liedchen
von nem Pflasterstrand

Tageswechsel

Die Glut des Abends wächst in Nebelschwaden
zum hellen Brand. Die flüchtigen Gestalten
des Tages wechseln ständig in dem kalten
und schweren Flammendunst. Wie einst Nomaden,

verlassen sie den alten Ort und ziehen
ins Dunkel. Sehend, daß sie viel verlieren
von ihrer Form, daß suchend sie erfrieren,
will ich aus ihrem Wirbel nicht entfliehen.

Ihr ruft, mir würde dieses Feuer schaden,
ich solle nicht verschwomm'nen Bildern trauen,
den Schleier der Versuchung von mir werfen.

Ich nehme ab die eig'nen Traumparaden,
bevor die Glut erlischt im Morgengrauen
und die Konturen sich zu Klingen schärfen.

Erste Ghasele

Mein tiefer Schlaf ist wie des Müden tiefste Wunde ausgeblutet,
der grelle Kuß der Nächte ist auf meinem Munde ausgeblutet.

In meine Augen rinnt das Salz aus meinen Tagen, Jahreszeiten,
die Zeit ist zeitlos im Gesicht der Jüngsten Stunde ausgeblutet.

Ich steige reglos auf aus dunklen, bodenlosen Jahresschluchten,
und die dort schliefen, sind wie ausgesetzte Hunde ausgeblutet.

Ich kann mit tausendeiner Mutter Schlachten, Felder überfliegen,
doch meine Flügel sind im Fluch der Liebeskunde ausgeblutet.

So lieg ich wach und rasend still in weiten, quälenden Matratzen,
das schwarze Meer aus Fratzen ist auf seinem Grunde ausgeblutet.

Die Macht, mit eignen Worten wirre Phantasien zu besiegen,
mephistogleich ist sie im Traumwalpurgisbunde ausgeblutet.

Am Morgen sind die blinden Hexen meines Schlafes auferstanden,
bevor ich noch im schwachen Tageslicht gesunde, ausgeblutet.

Zweite Ghasele

Die Taube frißt das Licht aus meiner Hand, debemur morti,
ihr kurzes Lachen geht in stilles Land, debemur morti.

Ich sah die Frau im Zwielicht ihren hohen Bauch ertasten,
aus ihrem Schoß hat schon die Nacht gebrannt, debemur morti.

Sie sah mich an mit müden Augen,
und Blicke webten noch ein sprödes Band, debemur morti.

Dann flogen weiße Tauben durch die schwache, kalte Linie,
und zogen mit den Flügeln eine Wand, debemur morti.

Die eine Taube hat in meinen Toten Augenwinkeln
Das frühe Grab der Schwangeren erkannt, debemur morti.

Uwe Nietzold und Ingrid Allstedt,
1991 in Rheinsberg

Die große Stunde

Wieder einmal war jene Stimmung über mich gekommen, in der man plötzlich innehält im Leben, als Beobachter seiner selbst neben sich tritt. An der Kälte, die durch die Nähte der Schuhe zieht, merk ich, daß ich schon eine ganze Weile so neben mir stehe.

Die Lifts haben längst Feierabend. Die Skihänge leeren sich, die Kaffeehäuser füllen sich – unten im Ort, wo nach und nach die Lichter angehen. Ein ganz feiner Schneefall, kaum wahrnehmbar, läßt alles weit entfernt und märchenhaft erscheinen. Rasant gleiten ein paar von den letzten Skifahrern in eleganten Schwüngen dem Tale zu. So müßte man es auch können, wünsche ich mir, das würde Spaß machen.

Wieso eigentlich? Bereitet mir das Ganze nicht auch ohnedies großes Vergnügen? Mein Winterurlaub ist doch DER große Höhepunkt, auf den man sich das ganze Jahr über freuen kann. ... freuen kann? Oder sollte ich besser sagen ... sich zu freuen hat. Ist diese Freude wirklich noch echt? Wenn ich so vergleiche, was habe ich damals als kleiner Junge tage-, ja wochenlang für einen Stolz empfunden, als ich es nach unzähligen Versuchen endlich einmal ohne zu stürzen geschafft hatte, das wellige, steile Hügelchen am Waldrand herunterzufahren. Oder wie war das zehn Jahre später, als ich das erste Mal mit meinen Freunden zum Camping fuhr. Diese Zeit werde ich nie vergessen. Vor allem nicht jenen Abend, als wir durch das klitschnasse Getreidefeld und die Brennesselböschung in das Zeltlager zu den Mädchen schlichen – nur einen Gutenachtkuß. Es war alles nichts umwerfend Besonderes. Aber es war grandios! Es war Leben! Jetzt ist alles zur Routine geworden – selbst das Vergnügen. Alles fest geplant im Terminkalender. Man weiß, was kommt, wie es wird. Was kann einem überhaupt noch unter die Haut gehen. Früher, da hatte man wenigstens noch Ziele. Für welchen Kleckerkram verschleißt man sich jetzt dagegen täglich! Verdammt noch mal! Einmal im Leben, wenigsten einmal, müßte man doch etwas Großes leisten oder etwas ganz Verrücktes anstellen. Aber was?

Es müsste etwas Neues sein, etwas, was sie alle aufhorchen ließe, diese Menschen, die hier Tag für Tag die Hänge bevölkern, sich am schillernden Firmennamen auf ihren Skiern erfreuen, jetzt beim Bier sitzen, ihre Kinder schelten, vor dem Fernseher dösen oder in den Bars und Discos um Liebschaften rangeln. Wie wäre es zum Beispiel, wenn sie morgen wieder hierher kommen und auf einmal jemand – mal angenommen – den Hang nicht wie gewohnt von oben nach unten, sondern genau umgekehrt, von unten nach oben wahren würde. Wie würden die glotzen!

Halt! Das ist er ja. Das ist der Einfall, der mir immer gefehlt hat, Der Gedanke fasziniert mich, berauscht mich regelrecht. Die in all den verflossenen Jahren zum Erliegen gekommen und tot geglaubte Begeisterungsfähigkeit kommt nun wie eine Flutwelle über mich – dermaßen, daß ich eine allmächtige, nie gekannte Energie verspüre.

Ich bin mittlerweile allein auf dem Hang. Der Schneefall hat sich verstärkt. Tiefhängende Wolken verschlucken den letzten Widerschein des rasch zu Ende gehenden Tages. Der ganze Hang gehört mir. Ich kann mir die Arena meines kühnen Unternehmens aussuchen. Schneehuckel brauche ich, dicht übereinanderliegend.

Da sind zwei. Startposition einnehmen, kräftig abdrücken vom unteren, an einer möglichst ebenen Stelle auf dem oberen landen, wo ist der nächste? Wieder abdrücken, den Schwung gleich nutzen, dabei die Skier drehen – zack. Die nächsten Huckel sind ein Stück entfernt. Hoffentlich reicht der Schwung. Ich muss die Skier nicht mehr hochreißen, nur kurz um die Dellen herumführen, abwechselnd links – rechts.

Hurra, es geht!

Langsam etwas auf Haltung achten, nicht so verkrampft in der Hüfte, Skier parallel, Oberkörper senkrecht zum Hang, Stockeinsatz, Talski belasten! Ei, welcher ist denn jetzt der Talski? Ich verheddre mich und komme zu Fall, ganz außer Atem schaue zurück und kann es kaum fassen. Wahrhaftig: von dort unten bis hierher bin ich jetzt ... bergauf gefahren. Was nun? Am liebsten würde ich es noch einmal probieren, aber es ist bereits stockdunkel geworden.

Ich gehe durch das Städtchen, wie im Rausch. Als ob die Straße unter mir federt und mich bei jedem Schritt ein Stück in die Höhe wirft. Mir ist, als sei die ganze Stadt, was sage ich, die ganze Welt allein für mich geschaffen, als Kulisse für dieses grandiose Ereignis. Die Menschen sind mir in die Szene gestellt, um die staunenden Mäuler aufzureißen. Was wollt ihr mir alle, was könnt ihr mir alle? Ich kann bergauf fahren! Alles andere ist banal, witzlos, null und nichtig. Ein unendliches Glücksgefühl hebt mich empor – zieht mich hinein in den Jahrtausende währenden Tanz der Schneeflocken dort oben im Rampenlicht der Bogenlampe.

Wo bin ich gelandet? Unter Menschen. Sie haben mich wieder auf die Erde gestellt, irgendwo in einer Gaststätte am anderen Ende des Städtchens. Der Lärm hat mich aufgeweckt. Kein Touristenlärm, ein ganz bodenständiger. Hier sitzen die Einheimischen nach ihrem Tagewerk, die Liftbediener, die Busfahrer, die Heizer aus den Heimen. Ich war noch nie hier. Ich kenne keinen, aber ich könnte sie alle umarmen, sie einladen zu meinem großen Auftritt morgen.

Du dort Alter in der Ecke, mit dem stieren Blick, der du wahrscheinlich jeden Abend hier sitzt, dich um dein letztes Fünkchen Verstand gesoffen hast! Ich bringe dir einen Lichtblick im Leben! Und euch, ihr Zecher am Stammtisch, die ihr euch seit Stunden immer wieder das Gleiche erzählt. Was schwafle ich da von Stunden – seit Jahrzehnten. Eure Späße, die hat man doch schon tausendmal gehört. Und von euch können immer welche darüber lachen. Es ist nicht zu fassen!

Eigentlich beneide ich euch um euer Leben. Ihr habt immer etwas, woran ihr euch unerschöpflich ereifern könnt, seien es die Alltagssensationen des Kleinstadtgeschehens oder die uralten Kalauer, die alle lange weiße Bärte tragen.

Da horche ich auf. Sie sind bei den Pistenabenteuern angelangt, den alpinen Abfahrtsläufen und ihren internationalen Helden. Von irgendeinem mehrfachen Weltmeister ist die Rede, was der für einen traumhaften Stil hätte. Sie prahlen und ihre Augen leuchten. Sie fühlen sich wohl im Moment selbst als Jener. „Aber es ist doch nur ein normaler Skifahrer", sage ich, die Gelegenheit ergreifend. „Hier seht ihr einen, der hat noch ganz andere Sachen auf dem Kasten. Der könnte so ein Rennen bergauf gewinnen."

Jetzt ist es heraus. Ich schaue mich um. Kein Mensch hat mich vernommen. Es gibt überhaupt keinen mehr, der einem anderen zuhört. Jeder wartet nur auf eine Atempause oder ein Stichwort in des anderen Rede, um seinen eigenen Senf loszuwerden. Kommt man nicht zum Zuge, so versucht man sich gegenseitig zu überschreien oder späht nach einem gerade Sendepause habenden Opfer, an das man seine Ergüsse adressieren kann. Laut, vor Erregung etwas lauter als gewollt, so daß es die ganze Kneipe hört, sage ich: „Euren Champion könnt ihr stecken lassen. Bergauf fahren kann der doch nicht." „So", fragt einer und stößt seinen weiterklatschenden Nachbarn ruhegebietend in die Seite, „Du kannst es wohl?" „Ja", sage ich, „ich kann es ohne Tricks, aus eigener Kraft." „Wohl nach dem Rückstoß-prinzip", meint einer und alle fallen in lautes Gelächter über diesen gelungenen Scherz.

Ich möchte jeden an der Schulter rütteln und ihm ins Gesicht schreien: „Ich kann bergauf fahren, ihr Schwachköpfe!" Gemurmelt habe ich ihn wohl doch, diesen Satz. Ruckartig wird ein Stuhl nach hinten geschoben, eine Faust drückt gegen meinen Hals. Was ich da eben geäußert hätte? Ich sage etwas von nichts, gar nichts, bitte um Entschuldigung. „Ich werde dir gleich zeigen, wer hier ein Schwachkopf ist", droht er mir an. „Stopf ihm doch sein Großmaul", rufen sie von den anderen Tischen. Es gelingt mir gerade noch, schnell an der Theke zu bezahlen und zu verschwinden. Morgen werde ich es euch zeigen! Euch Allen! Die Stelle vom Vortag ist kaum wiederzuerkennen in diesem Trubel. Ich mache ein paar Startversuche, aber der Strom der von oben Kommenden scheint überhaupt nicht abreißen zu wollen. Es ist Wochenende und schönes Wetter. Viele Anfänger sind dabei, denen man am besten durch beiseite springen ausweicht. Lange muß ich warten, bevor etwas Luft ist und ich einen ersthaften Versuch unternehmen kann. Doch nach den ersten drei Hopsern, die – da ich noch nicht in Schwung bin – tatsächlich nicht anders bezeichnet werden können, muß ich wieder stoppen, denn ein fast in Schußfahrt von oben kommender Skifahrer wäre um ein Haar mit mir zusammengestoßen. Da er natürlich überhaupt nicht darauf gefasst war, dass ich mich plötzlich aufwärts bewege, muss er ganz scharf ausweichen und stürzt. Erbost geht er auf mich los, was ich hier unqualifiziert mitten auf der Piste herumturne. Auch andere fangen nun gleichfalls an, mich zu beschimpfen, dass ich schon eine ganze Weile im Wege herumstände, die Sicherheit gefährden würde und an der einen Stelle schon sämtlichen Schnee beiseitegeschoben hätte.

„Ich kann hier herauf fahren. Soll ich es euch vormachen?", sage ich, doch nur böse Blicke kommen als Erwiderung. Die feindselige Atmosphäre lähmt meine Energie. Ich bezweifle, ob es unter diesen Umständen gelingt, es ihnen vorzuführen. Ein misslungener Versuch würde die inzwischen angesammelten Leute vollends auf die Palme bringen.

Ich verziehe mich. Erstaunlich, mit welch mannigfaltigen Ausdrucksmöglichkeiten von den Zurückgebliebenen ein im Prinzip gleichlautendes psychiatrisches Gutachten über mich abgegeben wird.

Es ist kurz nach Mittag. Viele stehen herum, unterhalten sich oder haben ihre Skier als Lehne aufgestellt und halten das Gesicht in die Sonne. Ich irre seit über eine Stunde zwischen ihnen umher und suche jemanden, der mit mir wettet, daß ich bergauf fahren kann. Die meisten tun so, als hörten sie mich gar nicht, andere brummen, ich solle sie in Frieden lassen, einige zeigen mir ganz unverhohlen einen Vogel.

In einer Wette sehe ich meine einzige Chance. Dann wäre wenigstens einer da, der ruft: „He, macht mal ein bisschen Platz, hier geht etwas Besonderes los!" Dann würde man mir Aufmerksamkeit schenken, nicht böswillig, sondern aus Neugierde. Dann könnte ich mich voll konzentrieren. Aber es ist zum Verzweifeln! Ich finde keinen, der mit mir wetten will.

Endlich entdecke ich einen flüchtigen Bekannten. Ich mache es ihm so schmackhaft wie möglich. Und komisch, kaum hat er eingewilligt, da zeigen sich auch andere plötzlich interessiert an dieser Wette, unter ihnen selbst solche, die vorher abgelehnt hatten. Jedem einzelnen muß ich beteuern, keine Tricks, keine Hilfsmittel anzuwenden und das Ganze mit denselben Skiern durchzuführen, die ich gerade angeschnallt habe, ohne etwas an ihnen zu verändern. Es wird vereinbart, daß die an der Wette Beteiligten mit dem Lift hochfahren, bis zu einem von hier aus sichtbaren markanten Punkt absteigen, ich dann von hier starte und binnen 60 Sekunden dieses Ziel erreicht haben muss.

Es geht los. Nun gilt es. Jetzt oder nie. Eine stattliche Zuschauerkulisse hat sich gebildet. Einige fahren noch kreuz und quer im Wege herum, aber sie werden auf einmal über den Lautsprecher der Liftanlage aufgefordert, den Weg freizumachen.

Da kommt das Startzeichen. Über den Lautsprecher werden die Sekunden mitgezählt. Mit aller Kraft drücke ich mich ab. Aber hier, im unteren Teil, sind die Huckel zu wenig ausgeprägt. Ich rutsche ab und weg und verliere wieder an Tempo. Die Zeit rast, 30 Sekunden sind schon um, aber ich habe noch lange nicht die

Hälfte geschafft. Verdammt. Ich habe mich verschätzt, wie viel Zeit man hier hochwärts braucht. Es geht eben doch wesentlich langsamer als bergab. Wieso habe ich mich überhaupt auf so eine konkrete Zeit eingelassen? Darum geht es doch gar nicht. Seht doch: ich fahre. Ich fahre bergauf. Eine mächtige Geräuschkulisse ringsum: ich kann aber keine Obacht geben, was diese ausdrückt. ... 45 Sekunden. Jetzt ist alles zu spät. Ich muss schneller werden, ziehe keine großen Kurven mehr – gerade so, dass ich um die Huckel herumkomme. Es reißt mir immer wieder die Bretter auseinander. Ich bekomme keine Haltung mehr hinein. Dann eben Breitspur, egal wie es aussieht. Hauptsache nicht stürzen, die Dellen ausfedern, irgendwie die Kurven kriegen. „ ... 50 Sekunden", höre ich im Lautsprecher. Ich gehe zur Schussfahrt über. Es ist noch zu schaffen. Doch kurz vor dem Ziel sehe ich plötzlich einen riesengroßen Huckel auf mich zurasen, wie ein Wellenberg in stürmischer See. Ich kann nicht mehr ausweichen, schieße darüber hinweg und krache mit den Spitzen an den dahinterliegenden Aufschwung. Holz splittert, ein dumpfer Aufprall, „... 58, 59, Aus." Dann ist es erst einmal still.

Aber schon im nächsten Moment ist eine lärmende Meute um mich, und ich höre nur: „Du hast die Wette verloren. Was ist, bezahlst du nun?" Nachdem ich allen ihren Anteil gegeben habe, ist immer noch einer, der behauptet, mit gewettet zu haben. Ich glaube mich erinnern zu können, dass dies sogar stimmt. Aber ich habe kein Geld mehr. Einen Betrüger nennt er mich, und von allen Seiten stimmt man kräftig ein: „Ein Betrüger, ein Betrüger!"

Hatte ich beim Abschließen der Wette oder beim Auszahlen den Überblick verloren? Ich weiß es nicht. Ist mir auch egal. Weshalb kommt nirgends in Wort der Anerkennung oder wenigstens der Verwunderung, wie ich es gemacht habe, so einfach bergauf zu fahren? Doch ich bin ganz froh, dass keiner dies fragt. Ich weiß es ja selbst nicht.

Die Leute gehen einfach auseinander. Nichts geschieht. Außer ein alter Mann, der klopft mir auf die Schulter und sagt: „Junger Freund, lerne du erst einmal richtig bergab zu fahren, bevor du dich auf solche Mätzchen wie das Bergauffahren einlässt!" Merkwürdig, daß diese Worte trösten. Wenigstens überhaupt eine Reaktion.

Die kaputten Skier markieren die Stelle meiner Niederlage. Die Stöcke werfe ich dazu. Langsam und zu Fuß steige ich zu Tal, Tränen in den Augen.

Von links:
Andreas Pomp, Werner Schwieger, Jürgen Molzen
und Ingrid Allstedt

Ich sehe was, was du nicht siehst

Es ist spät geworden. Ich blicke mich um. Abgesehen von den Kerzen, die ich schon vor Stunden angezündet habe und die nun fast heruntergebrannt sind, und den Lichtern der Straße erhellt nichts den Raum. Der Wein in meiner Hand glänzt tiefrot, als ich das Glas hebe und mit der Stille im Raum anstoße. Für einen kurzen Moment verharre ich, das Glas noch vor Augen, dann stelle ich es zu den Flaschen auf den Boden. Ich zögere. War das wirklich schon die zweite heute Abend oder habe ich gestern, als du nach Hause gekommen bist, nur vergessen, aufzuräumen?

Ich sehe mich, wie ich auf- und abgehe, immer entlang der Fensterfront, deren einzelne Elemente sich über die ganze Wand erstrecken und einen ungehinderten Blick hinaus und – natürlich – hinein erlauben. Anfangs war dieser Umstand ein wenig ungewohnt, doch die Wohnung befindet sich im Dachgeschoss eines achtstöckigen Hauses und überragt, abgesehen vom Haus gegenüber, alle in der Nähe befindlichen Gebäude. Auf Grund der Enge der Straße ist es auch von unten nur schwer möglich, einen Einblick zu erhalten, dessen habe ich mich vergewissert.

Mittlerweile mache ich mir über solche Dinge keine Gedanken mehr, vor allem nicht, wenn ich wie gestern auf dich warte und fast umkomme vor Sehnsucht. Ich versuche, mich daran zu erinnern, wie spät es geworden war, als du endlich nach Hause kommen durftest, doch dann fällt mir wieder ein, dass du gar nicht heimgekommen bist, dass ich stundenlang vergebens gewartet habe. Wut steigt in mir auf.

Hey girl, tell me where did you sleep last night?

Ich gewinne die Kontrolle zurück, verwerfe die Frage. Schließlich muss ich oft auf dich warten, weiß nie, wann du kommst. Das ist nicht immer leicht, aber was ist schon leicht? Ich bin zu oft den einfachen Weg gegangen, diesen Fehler will ich nicht wiederholen. Deshalb arbeite ich an mir. Wenn etwas wirklich wichtig ist, dann muss man sich in Geduld üben können.

Das Warten hat sich gelohnt, endlich kommst du. Manchmal höre ich deine Schritte schon auf der Straße, doch dieses Mal schlüpfst du unbemerkt hinein. Deine Jacke hast du sicherlich im Flur gelassen, du trägst nur das Kleid, das ich so gerne an dir sehe.

Meine Liebe, da bist du ja. Wo bist du so lange gewesen? Und wo warst du gestern? Nein, schon gut, du brauchst dich nicht zu rechtfertigen. Ich weiß, ich habe kein Recht, dich auszufragen. Es ist nur so, dass ich schon angefangen habe, mir Sorgen zu machen, verstehst du? Aber das macht nichts, nun bist du ja wieder daheim, und das ist alles, was zählt.

Es ist schön, dich zu sehen. Sag, hast du überhaupt schlafen können? Du siehst müde aus. Waren die Nächte lang? Ich weiß, du hast immer viel zu tun, schließlich bist du der Star. Jede Nacht stehst du im Rampenlicht und verdienst dein Geld. Das ist dein Job, so ist dein Leben – und ich habe das zu akzeptieren. Du weißt genau, was dein Publikum will und du gibst es ihm. Du bist ein Profi, zeigst keine Schwäche. Doch auch du wirst irgendwann älter werden. Das Leben hinterlässt seine Spuren. Dann werden sie dich nicht mehr lieben. Aber das macht nichts. Ich werde da sein. Schon jetzt würde ich gerne mehr für dich tun, aber du wirst einsehen, dass das nicht geht. Ich hasse mich selbst dafür, dass du mit ansehen musstest, wie ich diesen Typen, der dir immer wieder Geld zugesteckt hat, von seinem Stuhl gerissen und auf ihn eingeschlagen habe. Kein Wunder, dass du Angst vor mir hattest und dich nicht mit mir zeigen wolltest, doch seit wir umgezogen sind, hat sich die Situation zum Glück beruhigt. Hier kennen uns die Leute nicht, hier können sie nicht reden. Den Club werde ich natürlich nicht mehr betreten, schließlich habe ich ja auch Hausverbot. Aber das ist wahrscheinlich nur gut für uns. Wer weiß, was sonst noch alles passieren würde? Ich kann einfach nichts gegen meine Eifersucht tun. Ich ertrage sie nicht. Diese Blicke, die auf dich gerichtet sind, die sich an dir fest-saugen, die dich schneller ausziehen wollen, als du es könntest. Was sind das nur für Männer? Aber genug davon. Jetzt bist du zu Hause, jetzt sollst du dich ausruhen können.

Wie machst du das nur, dass du immer so schön bist? Könntest du es überhaupt nicht sein? Ich glaube kaum. Wie du durch den Raum gehst, eine neue Flasche entkorkst und dir einschenkst. Du spitzt die Lippen, führst das Glas zum Mund und nimmst einen großen Schluck. Dann gehst du zurück, lässt dich auf der Couch nieder und streckst deinen müden Körper aus. Dein Blick ist an die Decke gerichtet. Ich sehe dir an, dass du gleich zu Bett willst.

Ich gehe schon ins Schlafzimmer. Auch hier erstrecken sich die Fenster über die gesamte Fläche der Wand, so dass das Flackern einer defekten Straßenlaterne den sonst dunklen Raum erfüllt. Ich entzünde der Stimmung wegen auch hier einige Kerzen und stelle mich an das Fußende des Bettes.

Genau wie du beziehe ich es immer mit weißer Bettwäsche. Normalerweise bin ich immer vorbereitet, doch dieses Mal habe ich trotz der Stunden des Wartens völlig vergessen, die Spuren der letzten Nacht zu beseitigen. Ich gehe also um das Bett herum und schüttele die Kissen auf. Dann schlage ich die Decken zurück, um das Laken zu glätten – und erschrecke. Was ist das? Verwirrt schaue ich mich um. Trotz des schwachen Lichtes ist der dunkle Fleck deutlich zu erkennen, mit dem das Laken beschmutzt ist – viel zu groß, um ihn zu verdecken. Dann fällt mir wieder die letzte Nacht ein und ich erinnere mich, wie ich mich, noch mit meiner Kleidung am Leibe, aufs Bett geworfen habe und sofort eingeschlafen sein muss. Als ich Stunden später wieder aufgewacht bin, hielt ich noch immer eine Rotweinflasche in der Hand. Auch gestern muss ich wohl mehr als ein Flasche getrunken haben. Mir bleibt also nichts anderes übrig, als das Laken zu wechseln.

Ich schalte das Licht ein, ich muss mich beeilen. Die Decken und Kissen werfe ich achtlos auf einen Sessel in der Ecke und ziehe das Laken ab. Mit Hilfe einer Leiter hole ich ein Neues aus dem obersten Fach des Kleiderschrankes. Drei Minuten später betrachte ich das Bett. Ich bin zufrieden.

Zurück im Wohnzimmer sehe ich, wie du aus der Küche kommst, die Flasche in der Hand. Ich bin mir nicht sicher, wie ich deinen Gesichtsausdruck deuten soll, doch ich bezweifele, dass es etwas zu feiern gibt. Du prostest in meine Richtung, vermeidest den Umweg über das Glas und fängst an, dich zu drehen. Die Flasche in der rechten Hand noch immer erhoben, tanzt du durch den Raum. Ich bleibe stehen, sehe dir zu. Zwischendurch nimmst du einen Schluck, fährst dir mit dem Handrücken über das Kinn. Dann stellst du den Wein auf den Boden, deine Schritte werden größer, du drehst dich auf einem Bein. Du greifst mit bei den Händen an deinen Rücken, hast wider Erwarten kurz Mühe, dann fällt das Kleid. Du trägst nur noch ein Höschen, mit den Händen bedeckst du deine Brüste. Ich gehe einen Schritt auf dich zu, fange ebenfalls an, mich meiner Kleidung zu entledigen. Du scheinst alles um dich herum vergessen zu haben. Mit kreisenden

Hüften gehst du in die Knie. Während du immer wieder den Kopf zurückwirfst, spielen deine Finger mit deinen Brustwarzen. Ich kann meinen Blick nicht von dir abwenden, dein Schauspiel erregt mich. Es ist lange her, dass ich dich das letzte Mal so gesehen habe. Dann brichst du unvermittelt ab, fällst fast in dich zusammen und gehst ins Schlafzimmer. Ich folge dir. Ohne Umweg steuerst du das Bett an und legst dich hinein. Ich trete ans Fenster. Du liegst auf der Seite und hast mir deinen Rücken zugewendet. Ich schaudere kurz, als ich meinen Körper an das Glas der Scheibe drücke. Ich wünsche dir eine gute Nacht und hauche einen Kuss zu dir. Ohne Enttäuschung verharre ich. Ich habe mich daran gewöhnt. Mit langsamen Bewegungen fange ich an.

Es können nur wenige Minuten vergangen sein. Ich bin mir sicher, dass du bereits schläfst. Als du dich zu mir umdrehst, wird mir sofort bewusst, dass ich einen Fehler gemacht habe. Warum ich das Licht nicht wieder ausgeschaltet habe, kann ich nicht sagen. Normalerweise bin ich sehr gewissenhaft, nur dieses Mal nicht. Du wirfst die Decke zurück, wahrscheinlich schreist du, zumindest kann ich sehen, wie du dir die Hände vor das Gesicht schlägst. Du musst mich sofort erkannt haben. Mit entrücktem Blick starre ich dich an, noch immer zuckend. Du rennst aus dem Raum und greifst zum Telefon. Ich weiß, dass es nutzlos wäre, noch einen Fluchtversuch zu unternehmen. Die Polizei wird gleich hier sein. Ich lasse los. Jetzt mache ich das Licht aus, lege ich mich auf mein Bett. Der Geruch von Weichspüler steigt mir in die Nase. Nur wenige Augenblicke später klingelt es.

Martin Pohl

Gesang auf einen verlorenen Garten

Ach, die Worte wie Asche im Mund der Rufer aus Labyrinthen,
Wie tasten sie rückwärts zum Schoß, der sie längst von sich stieß:
Zu Heroen geschlagene Zyklopenkönige unter Blinden,
Bettlergefolgschaft, die Gott aus dem Betstuhl verwies.
Seit ihn der goldene, ungerührt lächelnde Sommer verließ,
Gehört der Garten dem Moder, dem Staub und den Winden;
Satan derweil und Christus belauern im Wettstreit das Paradies:
Ach, die Worte wie Asche im Mund der Rufer aus Labyrinthen.

Aber den Schoß, der sie längst von sich stieß, umspannen Mänaden
Mit Netzen, darin sich Orpheus' afterner Moschus verfing –
Meere hoch von Taifunen gepeitscht über Atlantis' Gestaden,
An denen das Totemtabu einer Wiener Ledercouch hing,
Zu Taigaschwermut, Zulugeheul und Santa Monica-Swing
Schloß zu ein galizischer Jude seinen Zimtstangenladen,
Nahm seinen Hut – nur das Krähenvolk weiß, wohin er ging,
Und den Schoß, der ihn längst von sich stieß, umspannen Mänaden

Unter Blinden Zyklopenkönige zu Heroen geschlagen,
Wann laßt ihr eure Plastikbrillen der Salzflut sodann?
Frontschweine und Goldfeuerschlucker: die Sieben Plagen
Ägyptens – wann enden sie oder fangen sie jetzt erst an?
Vor euch bäumt sich auf der schwarze Hunger, ein Knochentitan,
Den Atlas des Leichengebirgs nicht mehr willens zu tragen.
Seht doch, hinter sich her zieht er des Weltendes Seuchengespann,
Zyklopenkönige unter Blinden zu Heroen geschlagen.

Seht doch, das von Gott des Betstuhls verwiesene Bettelgelichter,
Wie es von Furien gegeißelt prescht durch das stürzende Kirchenschiff:
Wo ist der Anwalt, der ihre Rechte gebeugt, und wo ist der Richter,
Der sich im Blutrausch die aufgeplusterten Backen kniff?
Alles verloht und verlottert, was ihre Partei einst ergriff,
Und nichts gefunden im Steinbruch der eingemauerten Dichter,
Was ihnen den Rost und die Schmach von verratenen Lippen schliff:
Wohin mit dir selbst, des Betstuhls verwiesenes Bettelgelichter?

Wie ungerührt hat uns der golden lächelnde Sommer verlassen!
Oder war er es nicht, war er gleißenden Traumes Phantom?
Suchten wir nur den Zipfel seines purpurnen Rockes zu fassen,
Eh er verschied als ein zahnlos vergreister grinsender Gnom?
Das Lamm ist geschächtet, zur Mumie erhoben im Dom
Unserer Reminiszenzen, die mählich verblassen:
Ein Grollen der Toten auf unser ureignes Pogrom,
Denn ungerührt hat uns der golden lächelnde Sommer verlassen.

Moder und Staub und den Winden gehört nun der Garten,
Die Bäume gefällt, die Ernte galliger Äpfel verklappt;
Aus vom Merkur gekrönter und mit seinen Standarten
Versehener Limousine wälzt sich der tönerne Abt,
Der uns gestellt, mit wespenzerfressenen Birnen geschnappt;
Hornissen, die sich auf seinen gepanzerten Pratzen paarten,
Stechen uns Auge und Ohr: Nun wißt ihr, was ihr an ihm habt:
Moder und Staub und den Winden gehört euer Garten!

O Paradies im Wettstreit von Satan und Christus umlauert,
Messer in unserem Herzfleisch, schwärmender Dichter Orplid:
Haben wir dir im Salz der Jahrtausende nachgetrauert,
Hammer und Amboß – wo ist das Eisen und wer ist der Schmied?
Gebärenden Schoßes, verschlingenden Grabes uraltes Lied,
Streckbank endloser Qual: Hoffnung in gottgleiche Quader gemauert,
Hölle und Himmel, Avers und Revers – kein Unterschied
Bis hinab zum roten Arom aus den Grüften der Gleichgesinnten:

Ach, die Worte wie Asche im Mund der Rufer aus Labyrinthen ...

Martin Pohl, Cora Tanau, Klaus-Dieter Schönewerk

Die Heimsuchung der Tochter

„Es ist schade um die Menschen!"
aus Strindberg: EIN TRAUMSPIEL

O Tochter Indras, was hat dich bewogen,
Dein schönes Nichts, den Himmel, zu verlassen,
Um auf der Menschen Erdreich Fuß zu fassen
Im Prunkpalast und unterm Brückenbogen!

Du sahst ein rohes Kriegsvolk, ausgezogen,
Zu knechten und zu morden fremde Rassen,
Sahst Elend wüten und sahst Habgier prassen,
Der Dome Sturz, den Brand der Synagogen.

Verfaulte Fischbrut trieb an deine Gestade,
Und Gifthauch hat die Fluren weggezehrt ...
Du riefst nur, es sei um die Menschen schade.

Was hat entstellt den Blick dir, Indras Kind?
Der Mensch zerstörte seine Erde blind
Und war hinfort nicht ihren Staub mehr wert.

An den Grenzen

Hier ist die Grenze, der fahle Schlagbaum.
Lehne den müden Kopf an den Pfosten:
Bald ist es Nacht, dahin flieht dein Tagtraum.
Zeige dem eisenbehangenen Posten
Deine Papiere, die Referenzen;
Oder bestich ihn, verleg dich aufs Bitten.
So ist es überall an den Grenzen:
Der ging schon sehr weit, der sie überschritten.

Lerne beizeiten die fremden Parolen,
Kannst du auch ihren Sinn nie begreifen;
Unverstandenes an deinen Sohlen
Wirst du durch weiteres Nichtverstehn schleifen.
Lasten, die sie dir zu schleppen geben,
Schleppe, als hättest du Leichtes empfangen.
So ist es überall an den Gräben:
Der sie überschritt, ist weit schon gegangen.

Horizonte, die lichten, die trüben,
haben ein Gleiches: Es sind Horizonte.
Wer Erde und Himmel sah, hüben und drüben.
Weiß, daß er sie nicht unterscheiden konnte.
Anruf oder Aufruf: Er muß sich stellen;
Hat er nichts mehr, so wards ihm genommen.
So ist es überall an den Wällen:
Der sie überschritt, ist von weit hergekommen.

Hier ist der Schlagbaum, der aschfahle Pfosten.
Hier ist die Grenze, der Wall und der Graben.
Hier mußt du vorbei an ehernen Posten,
Wenn sie ein Auge zugedrückt haben.
Hier ziehst du deine Konsequenzen,
Hier weißt du, daß du dich selbst nur geleitest.
So ist es überall an den Grenzen,
Bis du die letzte dann überschreitest.

Die fünfundzwanzigste Ghasele

Fern soll mir Hohn und Spott ob eines Dichters Stunde sein!
Ich fürchte nur, die wird alsbald in mancher Munde sein.

Wenn er das Blut der Kämpfer unter dem Schafott beschwört:
Das könnte ein gefundnes Fressen für die Hunde sein.

In dem Memoriam des roten Regens an der Wand
Wird selbst verblaßtes Lob mit Lästerung im Bunde sein.

Ach, wer da seine Brust entblößt den Kugeln seines Feinds,
Wird nur Verschüttung teuren Weins aus der Rotunde sein.

Sinkt dann mein Haupt auf deine Schultern, Weinender,
Wird es mit deinem, dorngekrönt, nur EINE WUNDE sein.

Wenn wir uns voneinanderreißen ließen, du und ich,
Wer sollte dann Verkünder zukünftiger Kunde sein?

Nacktvorstellung

Ein tiefsee-inniger Jux
Wollte an nichts mehr glauben.
(Ihm ging es wie dem Fuchs
Mit den zu sauren Trauben.)

Er ließ auf sich beruhn
Das sterblich-nackte Leben.
Nur was für ihn opportun
War, daran blieb er kleben.

Das Kino aus, das Licht
Und also zappenduster.
Das älteste Gericht
Fürs Jüngste nichts als ein Muster.

Wer bei Posaunengedröhn,
Hieß einer einen schreiben,
Nicht auferstehn will – bitte schön –
Soll liegen bleiben.

Tschernobyl
(*nordslawisch: Wermut*)

Ich weiß um den Wermut,
seiner Erotik im Absinth,
von den Stacheln, Mordlust und Liebe,
kenne wildes Verlangen und das Verlaines.
Auch ich schenkte der Grünen Fee,
ihrer glänzenden Larve, Vertrauen.

Ich weiß um den Wermut,
den bitteren Durst nördlicher Steppen,
ihr Leiden im Sonnenbrand.
Ich soff ganze Seen leer
Für einen Lichtblitz – nach Süden.

Ich weiß um den Wermut
Zu finden am Fuße des Fuji,
weiß vom brennenden Wasser
und seinen Wellen, erleide den Durst
Fukushimas blauäugiger Fee.

Ach
Wermut,
was weiß ich denn schon.

Stillen

Hochzeit ist gerade oder Gottesdienst und
Abend wird es als wir die Kirche betreten
Vorn ist kein Platz. Wir sind nach hinten gebeten
Aus Dunklem schauen wir ins Kirchenrund

Die betende, die Maya, fast berühre ich sie
so nah sind wir uns. Um sie herum
bleibt nicht eine Sekunde stumm
ningelt ihr Kind, schlägt mir ans Knie

Gottesworte, ja, sie sind von Gewicht
können die Gemeine erregen
die kniend erwartet den Segen
Das Kind aber beruhigen sie nicht

Sie öffnet die Bluse, befreit ihre Brust
den Ort der Sättigung, ein Ort der Lust

Wer nicht hören kann ...

Die Wolken
Lid über Ufer und Felsen
Fast bedeckt ist der Himmel
Beinahe kein Wind
Sacht sind die Wellen
Flach und verspielt
Still ist die Stille
hat so gar nichts von Ozean

Sein Atemzug
der leiseste Seufzer
Wind und Wolkenspiel
ein Wimpernschlag
Eine Träne nur –
Trauer, Trotz, tolldreistes Lachen –
und wir sind nass
bis an die Ohren

Meine Frau bittet mich

Schreib mir einmal ein Gedicht,
das von den Reimen lebt,
das, wenn es bitter schmeckt,
nicht vor Süße auch klebt,
Überraschungen birgt, nichts was erschreckt,
Freude und Neugier erweckt.
Laß uns im Himmelblau die Sonne scheinen,
oder beide im Mondlicht spazieren,
die Lungen befreien und heimlich weinen,
im Grün einander verführen.
Wellen und Strand füge hinzu,
Birken und Blumen pflanze hinein,
vergiß die Bank nicht zur Mittagsruh,
du weißt, niemand liegt gerne allein.

2012

Der Zirkel

für Eva und KD Schönewerk

Sostschenko war in unseren Mündern
Und Puschkin
Bei russischen Freunden ein Plus
Und glich
Unsere Vorsicht beim Wodka aus
Verse rissen sie nieder

„Der paßt doch zu uns", sagte Eva
K.D. nickte
Ich Lilithsohn war aufgenommen,
im Paradies auf Dichtererden
jenseits von Eden

Seit Adam Eva folgte
Fehlt mir sein vertrautes:
Nun, Genossen Bauern
... wie das schmerzt

März 2013

Unbenannt

wir finden alle fehler in diesem system
früher waren hier mal früchte dran
und jetzt nur noch löcher die zu scannern führen
der scanner fällt nicht weit vom knüppel
knüppel krüppeln frühlingsgeister
blutende kathedralen des wahnsinns
und die ignoranten werden immer fetter
ihr fett wird ranzig
der ranz macht geil
sie können nichts mehr sehen
sie können nicht mehr hören
und wir stehen da
und sparen unsere kraft
für das was kommen muss
wir haben was vor

wir sind uns nicht einig
weil wir aus der geschichte gelernt haben
wir sind keine partei
wir sind keine familie
wir sind ein zirkus

wir erfinden neue fehler in diesem system
jesus wollte nur gold scheißen, aber durfte nicht
weil gott angst vor gold hat und das zu recht
jesus hat widerstanden, weil er gott liebt
seinen vater
eines tages wird gold auch noch gott aufsaugen
wir brauchen jesus, lasset uns beten
wir brauchen gott, lasset uns treten
denn der kommunismus wartet hinter meiner paranoia
der warme mutterschoß unter dem kalten vaterarsch
wir sind die neuen menschen

wir sind die letzte idee
bevor es untergeht
das guten-abend-land
das gute-nacht-land
das betthüpferle-land
das schlafanzug-land
das zahnpasta-land

wir erneuern eure fehler in diesem system
wir schaukeln im dunkeln mit kühlem herzen
und was klimpert da vorbei?
lies mir noch eine geschichte vor mama
setzt mir noch einen stern in mein neuronengewerbe
ich weiß, unsre zeit wird noch kommen
schau mich an, dann dürfte alles klar sein, oder?
da ist ein flugzeug im himmel
passt es auf oder hat es was anderes vor
ist der himmel gut?
riecht mein pimmel gut?
die blume ist nicht glücklich mit der hintergrundfarbe
komm-wir-gehen-nach-hause-idealismus
hol dir einen propeller und dann raus in den nachthimmel
der schmetterling tanzt mit david bowie
die sonne ist unser nächster stern
sozialismus ist der übernächste
und manche sind geborene mondkinder
metaliebe liebt alles aus liebe zur liebe
wir sind die wahren christen
wir sind die wahren faschisten
wir sind das lamm und der wolf
das grün hinter unserem ohr
ist eiter

wir sind die neuen menschen
wir sind die neuen menschen
wir sind außer kontrolle
wir haben keine erklärung
wir haben keine formel

wir sind die letzte idee
bis alles untergeht
wir ersetzen alle fehler in diesem system
wir bomben uns einen neuen herbst
weil der winter diesmal sehr sehr kalt werden wird
wir haben es im urin
wir haben es im sperma
wir haben da was im fruchtwasser
eine neue fahne für einen neuen krieg
und ganz am ende sind wir das
was wir ganz am anfang waren
die neuen menschen
zwischen tag und nacht
ein neutrales gesicht
neurolaner erregungsmüll im freien fall
es gibt tote und musik und gutes essen
so viel dreck und so wenig zeit
hello i love you – vergewaltige explosionen
zertrümm dein gehirn mit deinem gehirn
der zeichentrickzauberer versteckt sich in deinen hintersten träumen
und bereitet etwas großes für dich vor
warts mal ab ...

wir dienen einem gehirn
dem einen metagehirn
es ist nicht stubenrein
es schlägt manchmal aus
niemand kann drauf wetten
es kann keine kutsche ziehn
es zieht niemanden aus dem dreck der danach verlangt
es ist das eine gehirn
das metagehirn

Dezember

eisige Winde
blasen tief hinein in festes Reich
und lockere Labyrinthe
blasen auf einen Funken
auf eine Wärme
einen Feuerball
blasen in die heiße Glut
um mein loderndes Herz

Abendsucht

ein Kribbeln und Zittern
in allen Nervenbahnen
reißt mich an sich
treibt mich auf die Straße
klebt an den Sohlen
hechelt ins Ohr
Lampenlicht sticht
fröhlich schwatzt das Pflaster

Abkehr

kräftiger Wald
voll heller Vogelstimmen
kleine Kehlen
tragen lange Wege
ich gehe ihnen nach
finde mich

Begehr

Ich fange fliehende Füße
Meine Arme umschlingen
Vogelfedern
die Augen weit aufgerissen
steigen Nebelfetzen auf
die Sonne trinkt

Gesichte

Bilder sprechen
gebrannt von Sonnenglut
aus verkohlten Rahmen
rollen heiße Steine
die in kalten Wassern
zischend zerplatzen

Beweisaufnahme

Ich trete sie an,
einen Packen Schulweisheiten
in den Händen
den Gesang der Nachtigall
im Ohr,
stumm
lasten
auf meinem Rücken
deine Vorwürfe.

Erinnerungen

Sie gleiten aus dem Saum,
umspielen Knie und Schoß,
schmeicheln mit vergess' nen Worten.
Sie laben sich an meinen Tränen,
unverziehen.

Barfuß

auf grünem Klee,
schleichen die Falten
aus meinem Gesicht,
streift
das geflochtene Haar
ungewollte Antworten
von meinen Schultern.
Jetzt wachsen
die
Fragen.

Über den Wolken

Jedoch die Wiese hinter meinem Haus,
kaum größer
als ein Taschentuch,
sie schrie
und neben ihr
der Fluß
lag tränenüberströmt
in seinem Bett.
So kehrt ich heim
und fand mein Haus,
als hätte ich es nie verraten.

Vater Krauses Ochsengespann

Ein kalter Nieselregen fiel auf die kleine Stadt. Die alten Häuser schienen unter dem grauen Himmel ihren Farbanstrich gänzlich verloren zu haben. Nur die Dächer und das Kopfsteinpflaster der Hauptverkehrsstraße glänzten durch die Feuchtigkeit.

An den hochbeladenen Pferdefuhrwerken, die träge durch die Straßen rollten, war unschwer zu erkennen, daß die Zuckerrübenernte in vollem Gange war. Vor der am Stadtrand gelegenen Zuckerfabrik staute sich eine Wagenkolonne. Ungeduldig traten die Kutscher von einem Bein auf das andere, rieben sich die kalten Hände und schlugen von Zeit zu Zeit ihre ausgebreiteten Arme gegen die eigenen Körper. Manche hatten ihren Pferden vorsorglich Decken über die feuchtgeschwitzten Rücken geworfen.

Der Fabrikhof war von Bergen dampfender Zuckerrübenschnitzel überschüttet. Nur in der Mitte war eine schmale Gasse geblieben. Durch diese bahnte sich ein Ochsengespann mühsam den Weg. Es war das von Vater Krause, einem alten Inventar der Zuckerfabrik. Wer kannte ihn nicht? Auch heute trottete er mit seinem viel zu langen Schafspelzmantel, lässig die Zügel in einer Hand, in der anderen die Peitsche haltend, neben dem Ochsengespann her. Bei jedem Schritt schlug der Mantel auseinander, so daß seine zu hohen Stiefelschäfte sichtbar wurden. Diese reichten ihm seiner kurzen Beine wegen bis zum Knie, Unter den schon ergrauten buschigen Brauen blitzten schalkhafte helle Augen, die dem Gesicht gleichzeitig etwas Gutmütiges verliehen. Wie eine Landkarte zogen sich die Furchen über das von Wind und Wetter gebräunte Gesicht. Die Unterlippe hing schlaff herab. Jegliche Sorge, daß er die Tabakspfeife verlieren könne, war umsonst. Selbst wenn der meist wortkarge Mann sprach, blieb sie im Mundwinkel hängen.

Vater Krause war stets einer der ersten, der allmorgendlich den Fabrikhof betrat. So war es auch an jenem Novembertag des Jahres 1946. Bevor er den Ochsenstall zur Fütterung betrat, zündete er sich bedächtig seine Pfeife an. Mit einer Hand griff er die beiden Zinkeimer und schob mit der anderen den schweren Eisenriegel der Stalltür zurück.

„Na, ihr Beiden", rief er wie üblich und gab dem der Tür am nächsten stehenden Ochsen einen freundschaftlichen Klaps auf das Hinterteil. „He, was ist denn hier los!" Vater Krause blickte sich entsetzt im Stall um. Mit seinem schmutzigen Jackenärmel rieb er sich die Augen. Hatte er richtig gesehen? Spielte ihm jemand einen Streich? Es stand nur noch ein Ochse im Stall. Die zweite Box war leer. Wie im Traum griff Vater Krause den in die Wand einzementierten Ring, an den er am Vorabend eigenhändig den zweiten Ochsen an die Kette gelegt hatte. „Das gibt es nicht", sprach er halblaut vor sich hin und rannte aus dem Stall. Eilig überquerte er den Fabrikhof in Richtung Büro. Atemlos stand er im Vorzimmer des Direktors. Ohne anzuklopfen riss er die Tür des Direktorenzimmers auf, obwohl dies nicht seine Art war. In diesem Augenblick hatte er seine Scheu vor der Obrigkeit völlig vergessen.

"Herr Direktor, der Ochse ist weg!" sprudelte es aus ihm heraus.

„Wie, bitte?" fragte dieser – leicht aufgebracht über die Störung durch Vater Krause. „Na der zweite Ochse ist nicht mehr im Stall."

„Aber Krause, was soll das?, sehen Sie gefälligst überall nach."

„Hab' ich doch; er ist verschwunden – und losgemacht hat der sich nicht von allein. Nee, nee, Herr Direktor, von der schweren Eisenkette schaffen das keene fünf Ochsen."

Der Direktor griff zum Telefon und brubbelte verärgert „worum muß man sich denn noch kümmern?" „Kollege Schäfer, haben Sie den Ochsen vorbeikommen sehen?"

„Wie, wen meinen Sie denn, Kollege Direktor?" frage der Pförtner Schäfer verwundert.

„Dumme Frage, den Zugochsen natürlich – Krause ist bei mir. Im Stall soll nur noch ein Ochse stehen. Haben Sie etwas beobachtet?"

„Na so etwas schreiben wir nicht ins Wachbuch."

„Danke."

„Krause, verständigen Sie die Polizei oder die Feuerwehr." Damit war die Angelegenheit für den Direktor erledigt – aber nicht für Vater Krause. Der lief eilig zum Rathaus. In den vorderen Räumen dieses alten Backsteinbaues war die Dienststelle der Polizei untergebracht. Scheu klopfte Vater Krause an. Sein Herz klopfte schneller. Wie muß man so eine Meldung machen?

Vielleicht lachen sie über mich, ging es ihm durch den Kopf. Zaghaft öffnete er die Tür und trat ein. Verlegen drehte er die zusammengeknautschte Mütze in den Händen und ging noch einige Schritte bis zur Holzbarriere.

„Na, was ist?" fragte ein junger Mann in Uniform.

Mit zittriger Stimme meldete Vater Krause den Verlust des Zugochsen der Zuckerfabrik.

„Und die Polizei soll Euren Ochsen suchen, was? Mann, da sind Sie an der falschen Stelle. Wir haben wahrlich andere Sorgen, als Euren Ochsen einzufangen", versuchte der junge Polizist Vater Krause abzuwimmeln.

In diesem Augenblick betrat ein älterer Mann in Uniform die Wachstube und musterte Vater Krause aufmerksam. Er stellte ihm einige Fragen; denn er hatte das Gespräch aus dem Nachbarzimmer nur zum Teil mitgehört.

„Nein, Genosse, so geht das nicht. Da müssen wir ein Protokoll aufnehmen. Der Herr muß in diesem Falle eine Anzeige erstatten, und die Feuerwehr müssen wir auch gleich verständigen", belehrte der Hinzugekommene den jungen Polizisten. Widerwillig setzte dieser sich an die Schreibmaschine und nahm routinemäßig die Angaben von Vater Krause zu Protokoll. Der ging wieder an seine Arbeit, dachte aber nur noch an seinen verschwundenen Ochsen.

Kurz hinter der Zuckerfabrik nahm ein Feldweg zum Nachbardorf seinen Anfang. Parallel zu ihm schlängelte sich ein schmaler Bach, dessen Wasser schmutzig und übelriechend war. Das mag wohl der Grund dafür gewesen sein, daß dieser Feldweg wenig begangen wurde. Außerdem endete er genau vor dem Eingang des Friedhofes.

An diesem frühen Novembermorgen schritt die Heimbürgin, eine etwas burschikose Fünfzigerin, auf dem Friedhof zu. Obgleich es noch ziemlich dunkel war, fand sie das Tor des Friedhofes weit geöffnet vor. Schlamperei, dachte sie – nicht einmal die Toten werden ordentlich verschlossen, lief aber unbekümmert weiter. Der Kies knirschte unter ihren Füßen und der kalte Regen peitschte ihr ins Gesicht.

Schnurgerade führte der breite Weg zur Friedhofskapelle, einem kleinen Kuppelbau mit schmalen Fenstern. Zu beiden Seiten des Weges standen hohe Pappeln, deren Wipfel sich im Winde bewegten und knarrende Laute von sich gaben. Eine Holztaube schreckte hoch und verließ gurrend ihren Schlafplatz.

Die Heimbürgin war nicht ängstlich – ihr Beruf hatte sie hart und abgestumpft gemacht. Heute hatte sie es besonders eilig. Bereits um zehn Uhr sollte die Bestattung der Gastwirtin „Zur Linde" sein, und sie hatte noch nichts vorbereitet. Während die Heimbürgin in ihrer Tasche nach den Schlüsseln wühlte, schlug mit einem lauten Knall die Kapellentür zu. Erschrocken blickte sie um sich und rief beherzt: „Ist da wer?" Keine Antwort. Das muss wohl der Wind gewesen sein – aber wieso war die Tür der Kapelle offen – nur sie hatte doch die Schlüssel?, dachte sie. Vorsichtig durchschritt sie den kleinen Raum, in dem die Toten bis zur Bestattung aufgebahrt werden. Ein eigenartiger Geruch umfing sie. Es war nicht nur der süßliche Leichengeruch und der würzig strenge Duft der Kränze und Blumen. Plötzlich stieß sie mit dem Fuß gegen einen metallenen Gegenstand. Es klirrte und sie schrie auf. Sie hatte sich schnell wieder in der Gewalt und zündete die zu beiden Seiten des Sarges stehenden Wachskerzen an.

„Hilfe!" – in panischem Schreck rannte sie aus der Friedhofskapelle. Als ihr der kalte Wind entgegenschlug, kam sie wieder zu sich. Was war da drinnen passiert? Nein, sie geht da nicht mehr hinein, schwor sie sich und lief keuchend querfeldein zum ersten Haus des Dorfes. Mit beiden Fäusten trommelte sie gegen die Haustür.
„Ja doch, was ist denn los?" rief eine entrüstete Stimme. Schlürfenden Schrittes näherte sich jemand der Tür. Vorsichtig öffnete ein älterer Mann die Tür und schaute verwundert auf die Heimbürgin. „Schnell, kommen Sie mit zum Friedhof. Etwas schreckliches ist passiert, kommen Sie, und die Polizei müssen wir auch rufen. Haben Sie Telefon?"

Als die Polizei auf dem Friedhof eintraf, mußte sie erst einmal die Ansammlung Neugieriger auseinandertreiben und den „Tatort" sperren. „Oh je", entfuhr dem jüngeren der beiden Polizisten, als er die Kapelle betrat und die Blutspritzer an der gekalkten Wand wahrnahm. Der Sarg stand am Boden und die schwere Holzplatte, auf der zwei Wachskerzen standen, war blutverschmiert. Er sah sich gründlich am „Tatort" um und stieß mit dem Fuß gegen eine schwere Eisenkette. Jetzt bückte er sich und hob einen leichten Gegenstand auf, der dem Gehörn eines Huftieres ähnlich war. „Natürlich, das ist das Horn von einem Rind – und das ist die

Kette, an der man so ein Tier befestigt. „Aber ja, das ist doch – das darf nicht wahr sein", rief er laut und schlug sich gegen die Stirn. „Ich Ochse – natürlich der Ochse der Zuckerfabrik hat hier ausgehaucht." Das Leichenhaus war über Nacht zum Schlachthaus geworden.

In so manchem Haushalt zog in jenen Novembertages des Jahres 1946 appetitlicher Bratenduft durch die Küche – und keiner wußte von dem pietätlosen Schlachtfest in der Friedhofskapelle. Seit diesem Tag fuhr Vater Krause nur noch einspännig.

kunst-geschichte
für siggi und pierre

chagall verspricht das gelbe
vom himmel

die uhr fällt herab und landet
mit leisem klimpern im teeglas
goldgelbe tropfen zerspringen
auf der leinwand
der schornstein wünscht
einem kran – gute nacht, segelt
der sonne hinterher
der briefkasten beneidet
einen abfalleimer und springt
in das nächste müllauto

die ausgedrückte tube
fliegt in eine ecke und
DIE GRÜNE PERIODE
beginnt

9.3.1987

Fehlstelle I

Der Tee
wird bitter
schmecken,
das Basilikum
verwelken,
die ausgeleerte
Maxiflasche Bautzner
Senf
Nicht aufgefüllt.

Ich werde in
leere
Schubladen
atmen,
den abgeräumten
Schreibtisch
riechen
die nackten
Wände
hören
und bald
ohne
Worte sein.

28.9.2006

Fehlstelle II
für doris

glühwürmchen, dreiundvierzig
begleiteten mich
zur verwunschenen
treppe
knöterich vergangener
jahre brach
unter meinen füßen und
ich wünschte empor
steigen
zu dürfen dem mond
entgegen doch
das tor des zauns auf
der vierten
stufe war fest
gerostet
dreiundvierzig glühwürmchenleben
lang träumte ich wir säßen auf der dritten stufe angelehnt an
geschmiedeten stahl und
schwiegen
gemeinsam

28.10.2010

„la lune bleue" von astrid Salzmann

Schlaflied

Als du mich
anriefst
vor Tagen
sauste mein
Hirn zwischen meine
Schenkel.

Tief hängen die Wolken
über'm See.
Der Mohn steht
zwei Ellen
hoch im Feld.

Im Bauch des Bootes
zum Schlafe
gewiegt, nachdem wir
endlich
nicht nur das
Wasser aufgewühlt
haben, träume
ich deine Haut
und du
schnarchst leise.

„zu Hause" von astrid Salzmannn

Grete im Glück

Es gibt nichts angenehmeres, als in einen verheirateten Mann über vierzig verliebt zu sein.

Er fühlt sich wieder jung und pumpt sich voll mit deiner Kraft. Frierst du, wärmt er dich behutsam oder stürmisch.

Eifersucht quält dich selten, denn du weißt, mit wem er seine Abende verbringt.

Derweil genießt du deine Freiheit.

Gesprächsthemen werden nicht ausgehen. Während er sich zumeist über seine Ehe beklagt, schwärmst du von deiner Einsamkeit.

Sollte seine Frau einmal zu sehr im Mittelpunkt stehen, versetzt du ihn einige Male.

Künftig jammert er nur noch über dich.

Hast du schwere Lasten zu bewegen, ist er dein bester Helfer. Er will sich gern beweisen, dass er so stark ist wie vor zwanzig Jahren, als du gerade laufen lerntest. Hebt er sich trotzdem einen Bruch, bedauerst du ihn und er ist glücklicher als zuvor.

Natürlich weiß er zu viel besser als du. Eigentlich über alles informiert, hat er auch die Erfahrungen noch auf seiner Seite. Die kannst du ihm beruhigt überlassen. Deine eigene wird sich schneller vergrößern, als ihm lieb sein kann.

Gib nur nicht zu schnell nach, wenn ihr einmal in ein Streitgespräch geratet. Erst das Gefühl, dich mit seinen Argumenten trotz harter Gegenwehr vernichtend geschlagen zu haben, befriedigt ihn ausreichend. Dann wird er spendabel, schenkt dir einen Scheinsieg oder auch eine Schallplatte, die ihm gefällt. Sie ist in Ehren zu halten. Er wird sich nach ihr erkundigen.

Ab und zu solltest du ihn wissen lassen, daß er gut aussieht. Das stärkt sein Selbstwertgefühl und macht ihn anhänglich.

Stellst du eines Tages fest, daß er deiner nicht mehr wert ist, brauchst du nur fünf – bis dreizehn Mal mit ihm zu schlafen. Überzeugst du ihn davon, dass er dadurch nicht an dich gefesselt werden soll – das dürfte dir in dieser Situation nicht schwer fallen – folgt er dir willig bis ins Bett. Bemerkt er erst einmal, dass du bis auf deine raffiniertere Zärtlichkeit auch nur eine Frau bist wie die eigene, wird er schon bald nicht mehr kommen können. Unaufschiebbare Terminarbeiten und die Eifersucht der Ehefrau zwingen ihn dann, kurz zu treten.

Bist du aber glücklich, mit ihm zusammen sein zu können, darf das kein Mensch bemerken. Der unausbleibliche Neid aller anderen würde sich besonders auf ihn so nachdrücklich auswirken, daß er sich in der Falle sähe und davon liefe vor der eigenen Courage.

Auf diese einfache Art sicherst du dir ein bequemes Leben, ohne mit familiären Belastungen behelligt zu werden.

Dora Schäfer

Erinnerungen einer Blumenfrau vom Alex
– zu singen auf die Melodie „Krumme Lanke" –

Ach wo ist die Zeit geblieben,
als wir 1900 schrieben,
da stand links am Alex Wertheim, drüben Tietz.
Und die Berolina, stumm,
schaute würdig um sich rum,
denn sie war die größte Dame hier vom Kietz!
Pferdedroschken zogen lang,
streng der Schutzmann mittenmang.
Blasse Schusterjungs
mit schnoddrig-kessem Ton.
Und die vielen Arbeitslosen,
ohne Sohl'n, zerrissene Hosen,
doch Verliebte kooften Blumen damals schon!

Refrain:
Ja, das war die Zeit als Wilhelm noch regierte,
der durch Gottes Gnaden saß uff goldnem Thron.
Bloß sein Volk dabei in Armut vegetierte,
schuften mußtest früh bis spät bei kargem Lohn!
Als der Potentat mit Siegeskreuz verschwunden,
Siegeskranz, weil sein Krieg so ganz verkehrt geloofen war.
Zahlte man für ein Pfund Quark
Mehr als 5 Millionen Mark
Und dann ging'n wir in die „Goldenen 20er Jahr!"

Au, da war so manches los,
doch wat war so goldig bloß?
Arbeit gab es kaum, die Jahre flossen hin.
Stempeln, Schieben, meine Güte,
auch die Prostitution, sie blühte,
schwarze Wolken sah man über Deutschland ziehn!
Uniformen, goldene Tressen,
hohle Köppe, große Fressen,
Arbeit gab es plötzlich, doch sie roch nach Blut.
Schingdera, marsch, marsch, bumm, bumm,
aus der Spuk – Panoptikum –
und wir fing' n von neuem an mit frischem Mut!

Refrain:
Wieder steh ick nun wie einst an meinem Blumstand,
uff'n Alex, der det Herze von Berlin.
Seh den Fernsehturm, die Weltzeituhr, den Wohlstand,
seh die Menschen frohgestimmt vorüberziehn!
Det Hotel Berlin, so hoch bis an die Wolken,
keener hungert mehr und jammert in sich rein!
Ach wie schön sein kann das Leben,
so was hats noch nich gegeben,
heute lohnt sich's wirklich nochmal jung zu sein!

(entstanden in den 20er Jahren)

Als blinder Passagier nach Hamburg

Die nächste Winterreise stand bevor. Es wurde geplant, nicht mehr in die feudale Schweiz, sondern wieder ins Salzkammergut, nach Mitterndorf – einem verträumten Dorado für Skifahrer, zu reisen. Doch auch für dort hatten „Onkel und Tante" große Bedenken, mich wegen meines wenig aristokratischen Verhaltens schon so vorzeitig als ihre Nichte auszugeben. Und da sie nur zum Wochenende Zeit für mich hatten, beschlossen beide, ein diesbezügliches Inserat im „Berliner Lokal-Anzeiger" – einem erzreaktionären Blatt – mit nachstehendem Text aufzugeben:

„Welche Dame der Gesellschaft nimmt sich junger lebenslustigen Berlinerin mit guten Anlagen an, zwecks Beibringung guter Manieren und Umgangsformen"?

Stöße von Antworten mußte ich von der betreffenden Filiale abholen, die gemeinsam durchgelesen wurden. Ein Brief erweckte ihr ganz besonderes Interesse, denn dieser war – mir schwanden die Sinne vor erheuchelter Ehrfurcht – mit einer siebenzackigen Krone versiegelt (ich besitze ihn heute noch). Darin geruhte uns eine verstaubte, äh, pardon, erlauchte Baronin von Rücker, geb. von Heyden – gräfliche Linie, mitzuteilen, dass sie jahrelang bei Hofe gelebt und ihr seeliger Vater Kammerherr Ihrer Majestät der Kaiserin gewesen sei. Auch er gehörte dem ältesten Uradel an, und somit könne sie mir bestens ratend zur Seite stehen.

Danach folgte eine weihevolle Schweigeminute seitens meiner Freundschaft. Beide entstammten nämlich einer sehr alten konventionellen Potsdamer Beamtenfamilie, die nach wie vor in ewiger Treue zu dem weniger getreuen Kaiserhaus stand. Sie waren hell begeistert von dieser Zuschrift und verlangten, daß ich umgehend der Baronin einen Besuch mache. In meiner Aversion dagegen war ich ganz nüchtern davon überzeugt, daß diese so haushoch, tiefblau durchblutete Hochwohlgeborene sicher in mir die salonunfähige Tochter eines reich gewordenen Schiebers oder erfolgreichen Spekulanten witterte und nun durch mich ihren ausgehöhlten Pompadour-Beutel erheblich aufzufüllen gedachte. (Mit einer zeitlich und örtlich veränderten Umschreibung, hätte sicher die gute alte geschäftstüchtige Courths-Mahler einen brauchbaren Stoff für eine neue süße Roman-Schnulze gehabt. Nur hätte natürlich nie ein Arbeitermädchen ohne das gewichtige „von" im Mittelpunkt stehen dürfen.)

Meine Bemerkung, daß man diese Dame fürs Museum aus-stopfen müßte, um sie zur Erinnerung an die Glanzzeit ihrer Kaste und an die Elendszeit des deutschen Volkes der Nachwelt zu erhalten, brachte meinen Onkel in Rage, und enttäuscht sag-te er dann mit Verbitterung, daß ihre Saat nicht der Ernte ent-spräche. Ich blieb dabei, daß ich nicht hingehe, und so kam es zwischen uns zu einer Auseinandersetzung, in deren Ergebnis ich mich zum Handeln entschloß. Schnell durchdachte ich meine Situation. Meine derzeitige Aushilfsstellung war sowieso fast beendet, und so kam ich auf den Gedanken, eine, Wanderung ins Blaue hinein zu unternehmen.

Ein Bekannter der beiden (Musikverleger und Autor der „Urbibel der Ariogermanen") zwecks Popularisierung kostenlos zur Verfügung stellte, mit dem Versprechen, mir je nach Bedarf neue Exemplare nachzusenden.

Die Noten stopfte ich also in eine Papp-Aktentasche, packte den Rucksack und nahm Abschied von meinem Berlin. Durch kleine, nicht zur Nachahmung empfohlene Tricks kam ich als blinder Passagier wohlbehalten in Hamburg an.

In Hamburg bekam ich durch die Bahnhofsmission eine Unter-kunft nachgewiesen, und zwar bei der Heilsarmee in der Spal-dingstraße. Man saß gerade beim Abendbrot, als ich eingeführt wurde, und so bekam ich auch gleich einen sauren Hering mit Brot serviert. Im Nebenraum übten einige Heilsarmee-Soldaten auf ihren Gitarren und sangen dazu im Walzertakt: „Herrlich, oh herrlich Jerusalem, da sitzt man mit Jesum allein!" Meinet-wegen, dachte ich, mir wäre es zu langweilig, aber ich fand es doch ganz behaglich dort und beabsichtigte, mindestens eine Woche zu bleiben. Doch der Mensch denkt, und Gott lenkt! So sagt man jedenfalls immer. Nach der ersten Nacht – ich mußte mit sieben Mädchen in einem Zimmer schlafen – zog es mich unbedingt in die Stadt. Frau Leutnant machte mich bedeutsam auf die Hausordnung aufmerksam, indem sie darauf hinwies, dass man bis sieben Uhr abends wieder im Heim sein müsse. Natürlich versprach ich das fromm und heilig und bummelte dann froh und unbeschwert durch die Straßen und vielen kleinen Gassen, durch die große fremde Stadt, die man als das „Tor der Welt" bezeich-nete, und begann dabei sofort aus praktischen Gründen mit dem Notenverkauf. Da es noch früh am Tag war, konnte ich nur in Geschäften und kleineren Bier-Lokalen Klavier-Ausgaben anbie-ten. Ich vergaß dabei nie darauf hinzuweisen, daß das der neueste

Berliner Schlager sei, der angeblich bereits in Berlin von allen Leierkästen schon gespielt wird und außerdem der Herausgeber auch der Verleger des bekannten Hamburger Lokal-Schlagers „Oh grüße mir den Jungfernstieg" sei. Bald hatte ich alles verkauft, raste schnell zum nächsten Postamt und bat auf einer Postkarte meinen Bekannten um weitere Nachsendung beider Ausgaben, hauptpostlagernd. Mein Ziel war jetzt für den Spätnachmittag die so oft und so gern besungene Reeperbahn auf St. Pauli mit ihren zahllosen bunten Vergnügungsstätten und großen Lokalen. Der angebrochene und erfolgreiche Abend verleitete mich dazu, bei sternenklarem Himmel, so ganz auf romantisch, den weltberühmten Hafen kennenzulernen.

Ein Polizist wies mir den Weg. Angekommen, bot sich mir dort ein überraschend faszinierende Anblick, der unauslöschlich in mir haften geblieben ist. Ich sah ein riesiges, haushohes Schiff mit vielen erleuchteten Kabinenfenstern und eine Menschenmenge, die weinend voneinander Abschied nahm. Ich erfuhr, daß es der südamerikanische Passagierdampfer „Cappolonia" war, der gerade nach Argentinien ausfuhr. Ich war einfach hingerissen! Und als er dann langsam, stolz und bedächtig aus dem Hafen fuhr und die Bordkapelle „Muss i denn, muss i denn zum Städtele hinaus" spielte, heulte ich los wie eine verlassende Seemannsbraut.

Um Mitternacht zog ich verschüchtert das Glöcklein an der Pforte der Heilsarmee. Nun kannte die Frau Leutnant von der frommen Garde keine Gnade mit mir, am nächsten Morgen wies sie mir schweigend die Tür. Danach fand ich Aufnahme in einem katholischen Mädchenheim. Jetzt stand es für mich fest, daß ich Stewardess würde.

Felsenfest davon überzeugt, daß man mich sofort für einen südamerikanischen Dampfer anheuert, ja geradezu schon auf mich wartet, schrieb ich eiligst – das muß ich an dieser Stelle unbedingt erwähnen – eine Karte nach Mitterndorf/Steiermark an den Hotelier des „Krapfenhäuserl", daß ich wahrscheinlich nach Südamerika auswandere, evtl. aber auch eine andere große Sache unternehme. Bestellte auf dieser zugleich herzliche Grüße an die Töchter und an zwei weibliche Stammgäste, die wir dort kennengelernt hatten. Der Inhalt dieser Karte sollte mich in eine recht verzwickte Situation bringen. Aber davon später.

Im Heuerbüro erlebte ich eine große Enttäuschung. Ich erfuhr, daß ein guter Gesundheitszustand allein durchaus nicht ausreichend sei, sondern noch andere Bedingungen notwendig, nämlich: Gute Kenntnisse von der Frisierkunst und der Säuglingspflege sowie ein einwandfreies Englisch. Sehr erstaunt war ich auch, daß man auf Mandolinen-, Mundharmonika- und Klavierspielen überhaupt keinen Wert legt, und das hielt ich für soo wichtig!

Oh Biaski, war das ein Fiasko!

Doch tröstete ich mich damit, daß plötzlich heimtückisch auftauchende Eisberge so mitten auf dem Ozean gefährlich sein können. (Man kann die ja nicht einer Eiswaffel vergleichen, an der man so lange lecken kann, bis sie alle ist.) Und dann: die andauernde Schaukelei auf dem Schiff wirkt meist nicht sehr bekömmlich. Wenn ich daran denke, daß ich vielleicht einer etwas empfindsamen Dame beim Frisieren in den hinteren Halsausschnitt g ..., kann ja alles passieren, wenn man seekrank ist! Schließlich hat das Festland auch seine Reize!

Beruhigt und zufrieden kam ich an diesem Abend gegen 7 Uhr ins Heim zurück und merkte sofort an den schrägen Gesichtern, daß dicke Luft war. Ich erfuhr „Schreckliches". Vom Tische der Wirtschafterin war ein ganzes Pfund Limburger Käse verschwunden und dieser hatte sich – man bedenke – völlig geruchlos verduftet. Der Verdacht, ihn verschlungen zu haben und überhaupt zu so einer schändlichen Tat fähig zu sein, fiel ausgerechnet auf mich. Amüsiert und von meiner Unschuld überzeugt, sang ich arglos: Wer hat denn den Käse zum Bahnhof gerollt? Feindliche Blicke trafen mich wie ein Blitzstrahl, und ich fühlte dunkel, dass Deckung angebracht sei. Nun hielt ich mich verpflichtet, eine entrüstete Verteidigungsrede zu halten und machte den heroischen Vorschlag, mir den Magen auspumpen zu lassen. Das brach der mitfühlenden Heimleiterin das Herz. Noch einmal ließ sie die Sachen aller Mädchen durchsuchen und siehe da, man fand die Spitzbübin und ihre übelriechende Tasche. Am nächsten Tage nach der Frühmesse mußte diese dafür zur Beichte.

Kummer

Der ganze Kummer baumelt mir
Über den Weg
Bis zum Steg
Hinab ins Gewässer,
strömt ein wenig hin
und her mit den Fischen,
den Sternen, dem Schlamm,
bis hinauf zur Schlinge am Horizont
ein knorriger Baum
und immer wieder hin und her
Jetzt habe ich die ganze Seele endgültig voll
und mein Herz hängt mir zum Halse heraus

Winter am Meer

Der Scherenschnitt der Wellen,
ein dunkler Mantelwind,
die letzten Sonnenquellen
in allen Dünen sind.

Gebeugt im Frost der Tage,
so mattes Silberrot,
da wiegt im Sturm die Waage,
die Schalen Luft und Tod.

Das Licht in langen Wogen
berührt die Nacht aus Schnee,
in schmalen Wolkenbogen
salbt Mond und Stern die See.

Es rauscht so windschiefohren,
Geläut steht in der Luft,
hier bin ich einst geboren
tief aus der Meeresgruft.

Da bin ich eins mit Steinen,
bin dieser stille Rausch,
bin Tanz und Kuss und Weinen,
ein dunkler Fisch im Tausch.

Die Fischer aber greifen
Nach meinem Seelengrund,
und ihre Netze schleifen
des Nachts in tiefer Stund,

Am Morgen dann im Hafen,
das Feuer kann nicht schlafen,
die Frauen ruhen aus.
Da werd' ich frisch gehäutet,
als Gottsgeschenk gedeutet,
da endlich ist zu Haus.

Der Mond

Kräuselbleich ein Lachgespenst
Wie du mir ein Lichtlein brennst

Geht des nachts in dunklen See
Dampft wie eine Lichterfee

Und riskiert den Spitzenstand
Hält's nicht durch, war zu riskant

Kippt in meinen Traum und macht
Daß das Kind im Schlafe lacht

Hält am Ende seiner Zeit
Bleiern auf der Landschaft weit

Nach des Morgens Nebelbad
Hüpft und sucht sich seinen Pfad

In der Tiefe Tage Traum
Und wer blinzelt, sieht ihn kaum

Nur des Sommers leichte Luft
Ist ins Mondgesicht gepufft

Und so plustert er sich quer
In des Himmels Abend schwer

Wo er kalt und wärmend steht.
Komm ins Bett, es ist schon spät.

Des Frühlichs Hohelied
Frühlingsgedicht frei nach Christian Morgenstern

Des Blüten blaues blohen blass
Die Zicken ricken graues Gras,
und Löhmer zapfen Zöpfchen.

Den Hahnen karren krummerum,
das Fahnrei unkert übers Brumm,
und fleißig wummt das Möpfchen.

Wohin die Zichten auch pilieren!
Die Gümpelaugen staun'n und stieren!
Das Frohsing refft sein Röckchen!

So sei es endlich lumperfrei,
die graune, laune Schlumper schrei!
Der Himpel gefft sein Möppchen!

Und sieh! Die Hunken zetafieren!
Zu Tal nun Püffchen paun und pieren
Und füllen Mumpes Glöckchen!

Ade! O Lurelarelorelang!
Es pingt das Pong am zagen Zang!
Nun trinkt aus Frühlichs Töpfchen!

Hiddensee

Sand und See
Im hellen Schimmer
unter flachen Wellen
geriffelt der Grund
Steine überspült
Noch rollen sie
unzählbar.

In dieser Nacht
hat der Wind
die Insel preisgegeben
Der Mond
unsichtbar hinter
sieben hohen Nebeln
hat das Licht gerufen.

Zeichnung von Sigurd Rosenhain

Ruinenhalden

auch brennstoffdepots
Nicht eingefroren
die blicke der frauen
Einer trug er
das holz in die wohnung
der ofen war kalt
Er blieb

Zu hause
am anderen tag
schwieg seine frau
Sie dachte
es kommt wie es kommt
Er verteilte
die nächte

Sie
erwartet ein kind
sagte er
Die frau öffnete den schrank
aufbewahrte babywäsche
damals
trug sie der sohn

Der mann
nahm das bündel
und küßte seine frau
Worte blieben
in der tür hängen
Zurück
kam er nicht

Ein gedämpfter Ton
Zum Gedenken an Eva Schönewerk

Ein lied
nahmst du immer
in deine hände
TO PERIGALI

Hier
füllt es den raum
als gäbst du es her

Ich bleibe zurück
in der kapelle
du trittst aus der
stille der fotos

Ein vogel
flattert
auf deiner hand
sieht er dein lächeln

Deine trommel
schlägst du
Widerhall im echo
der trommlerinnen

Die schlegel
dir zur seite gelegt
Ein gedämpfter ton
bleibt

Nachruf auf einen Trudelwindkanal
Wissenschaftszentrum Adlershof

Von fern
ein schmutziger
seidenkokon
von nahem ein Turm

Du hast pioniere
der luftfahrt gekannt
windströme jagten
in deiner höhlung

Größer wurden die flugzeuge
im krieg standst auch du.
dann öffneten russen
dein türauge

Jetzt beäugst du
den geschorenen rasen
die späteren bauten

Meine hand lege ich
in deine schußwunden
geschrundete betonhaut
eine wolke fände
ruhe in dir

Trudelwindkanal in Adlershof

Leningrader Blockade

Die auf der
dritten etage
waren verhungert
Die von der sechsten
zogen dort ein
um kraft zu sparen
Der großvater
gab der frau
seine lebensmittelmarken
blieb oben zurück
schloß sich ein
Niemand hörte sein sterben
Sie überlebte
mit tochter
und enkelin

Warum

werden meine
hände schwer
die sich dir
entgegenstreckten
wie ein kuß

Warum
greift der nachtwind
dir ins Haar
hab ich doch darin
seidenfäden
versponnen
zärtlich
Sieh
dort den alten
kastanienbaum
wie seine
blüten ihn tragen
jahr um jahr

*Von rechts: Asgar Jamneshan, Reinhard Johannes,
Marlies Schmidl, Klaus Lettke, Marta*

Geburtstagsständchen

für Klaus-Dieter Schönewerk

Wir lesen Verse und Geschichten,
du forderst uns zur Meinung auf,
hältst dich zurück,
erkennst den Kern,
ist der letzte Satz verklungen.

Dann sprichst du mit Bedacht,
es zählt, was du geschrieben,
nicht, wie du es meinst,
so, wie es steht,
ergibt es nicht den Sinn.

Suchst du dann selbst
das andere Wort
wird es der letzte Schliff.
im Reim ein neuer Klang,
der Text vollendet.

Und wer gelesen,
so weit so grün,
geht glücklich heim, zu später Stund,
mit Tränen in den Augen
(vom Zigarettenqualm).

In seiner Hand geborgen,
druckreif ein Gedicht.

Abschied

Kannst nicht gelassen schlafen
ohne Grasmusik und blauen Traum?
Entzifferst die Inschrift
auf uraltem Stein:
Zweifel müssen Zweifel bleiben,
und Lüge muß als Lüge sich zeigen,
Fragezeichen müssen
gesetzt werden ...

Da rauscht der Wind
durchs Blattkleid
eines nackten Baums:
Der letzte Winter liegt grad
hinter uns.

Abschied nehmen
von Eisaugen am Weg
ist einfacher
als aus dem Tag gehen

Die Sonne brennt morgen noch
nicht so
Neugier von gestern.
und Liebe vorm Jahr.

Arbeit

Mein Puls probiert seine Unruh,
wenn der Horizont
sein Rot hißt.
Wind spannt seine Flügel
von Morgen zu Mittag.

Schieb den Berg beiseit,
den ich gestern abwarf
vor meiner Tür.

Red mit dir, Fuß!
Miß den Anfang
mit gestreckten Armen
und befiehl mich
zur kreisenden Sonne.
Stadtwärts Motoren
schreien sich warm.

An fröstelnden Wegufern
hängt langohrig noch
dämmrige Stille.
Richt' die verzweigten Straßen
unter der Sohle aus,

hin
zu gestundeter Zeit
und langen Korridoren.
Dann drücken auf meine Schultern
Fragegewichte – ich eil mich:
Augen solln tiefer denken.

An der Schwelle noch
reden
verschlafene Häuser
mir nach.

Portrait Eva Schönewerk, gezeichnet von Vontra

Eva Schönewerk

Neuaufbruch

Heute brandet
die Nacht
stärker
an alle Ufer,
gezügelter Gruß von daher,
wo Natur noch
urwüchsiger
mit ihren Kräften spielt.
Mut wächst da
und Freude am pochenden Puls.
Bei dir find ich mich,
unruhiger Nachtwind,
der die Wolkenberge,
seiner Art fremd,
beiseit schiebt,
wieder –
Halt find ich da,
wenn Erde Erinnerung wird
auf meiner Haut.
Nah kommt der Mensch mir
hinter tausend Wänden
aus Stein und Beton.

Nur nach dir
hab ich nicht suchen müssen:
Da, wo ich hart war
mit mir,
warst Du.
wo Lust und Zartheit in mir – Du.
Wo Liebe für andere – Du,
wo Nachdenken – Du.

Längst sprach der Baum
zu mir,
das Meer, Erde, die fruchtbar,
Gras wollt ich sein,
Vogel mit Schwingen – weit,
Begierde im Schoß: dein Gefährt',
Bleib doch –
weiß es durch euch,
schuldiges Kind meiner Zeit.

Poesie

Ein Leib,
der sich verbirgt,
fällt die letzte Hülle
Schamhaftes Zwiegeschlecht
diese quellenden Brüste
diese Sehnsucht des
Zauberstabes
und immer zwischen
der Berührung
das Wort

Wer sie einmal sah
kennt nur ein Gesicht
sie ist
Mutter
und Vater
und kinderlos
Sie hat Umgang
mit Sternbildern
und dem Schoß
der Erde
Sie hat ihren Preis
Sie verschenkt sich
Sie nimmt den Stempel
in Kauf
auf ihrem Gewerbeschein

Sie lässt sich nicht brechen
und bricht auf
Sie lockt
und tötet
Sie bewahrt ihre Unschuld
und kennt jede Lust
schon seit Geburt
Sie nimmt Aufträge an
und verliert ihr Gesicht
Sie verdient sich
ihr Brot
Sie hungert sich schlank

Sie stiftet
Verwirrung und
Glauben
Sie stiehlt
sich davon
und trägt
die Fahne
Erst, wenn sie
schweigt
weiß sie
von allem zuviel

Lied von der großen Scheiße

Das ist der Saal, in den wir Worte
spucken
knietief
waten wir im Sumpf unserer Plattheiten
und fühlen uns am Gipfel der Weisheit.

Da ist der Himmel, besoffen und
schwarzschlafend
in den wir unsere Erkenntnis der Scheiße
mit dem Zigarettenrauch der Versammlungen
pusten.

Es bleibt uns ein
stinkendes
Nichts.
Bestenfalls noch
Geschmack eines
schalen Biers.
Das ist das Lied von
der großen Scheiße.
Mahlzeit.

Der blaue Vogel

Der blaue Vogel spannt die Schwingen,
er streift die Erde, die ihn trug
und trennt sich von vertrauten Dingen
und taumelt in den ersten Flug.

's war nur ein Schritt
Morgen und Mittag und Abend, und
trägst zu viel Erde mit
unter den Flügeln und auch im Mund.

Die Höhe lockt, die Niederungen
sind ungeordnet für den Schritt.
Wer sich bezwingt, hat ihn bezwungen –
und trägt ihn in die Höhe mit.

Der blaue Vogel fühlt sich steigen,
so mühelos und fällt doch schon.
Das Lied, das anhebt, muß bald schweigen.
Der erste ist der letzte Ton.

's war nur ein Schritt
Morgen und Mittag und Abend, und
trägst zu viel Erde mit
unter den Flügeln und auch im Mund.

Sauna in Wolgograd

Hände tauchen in Erinnerung.
Da saugen die
Finger Farben,
die Spur des Feuers
unter den Steinen
ruft.
Auf die Haut
schreibt der Dampf
Formeln für Freude.
Holz quillt dem Leib entgegen
Liegen und Lust,
Traum von den Bäumen,
den brüderlichen,
Geschenk der Birken:
Rutenstrauß
trommelt den prahlenden Bauch.

Aus allen Poren
drängen satte Tränen.
leichter findet der Blick
den Gedanken.
Das Wörterbuch in der Tasche
mag schimmeln derweil.

Hier springen die Jahre
in Scherben.
Das Stöhnen der Schlacht
blieb lang schon hinter der Schwelle.
Draußen
Hose, Jacke und Schlips
säuberlich auf dem Bügel.
Uniform, feldgrau und rot –
Asche in allen Winden.

Hier atmen die Lungen Lachen.
Leben heißt charascho.
Wasser zischt in der Glut,
und kräftiger schlagen die Herzen.

Klaus-Dieter Schönewerk im Zirkel;
Typische Geste mit der Bemerkung:
„Es entwickelt sich, Genossen Bauern ..."

Staub

Erst als es Stein gab und Zeit, sie zu zermahlen,
erst als der Wind ihn trug als Gabe und als Raub,
und als sich zeigte: außen sind immer Schalen,
da gab es den Staub.

Gemacht sind wir aus Staub und werden, was wir waren.
Wie ähneln Worte ihm, zum Abschied hingesagt.
Und doch, wir wolln nicht sein, wie er: im Unsichtbaren
bleiben, wenn es tagt.

Erst wenn wir zwischen Fingern fühlen: Tod und Samen
und unsre Spur sehn, auch, wie Staub auf Straßen tanzt,
da finden wir für vieles um uns Sinn und Namen,
von uns eingepflanzt.

Zu den Orten

Zu den Orten, die andre finden: Träume
Warten schon lang. Und ohne Namen
Sind alle, die bis an den Anfang kamen.
Eine alte Chaussee, und die Zwetschenbäume.

Eine alte Chaussee, und Zwetschenbäume
Säumen das Band, das Felder schneidet
Und hinter dem Hügel ins Leere gleitet
Und an den Häusern vorbei, in Zwischenräume.

Der Gekreuzigte

von Klaus-Dieter Schönewerk
zur gleichnamigen Plastik von Fritz Cremer

Es hängt am Kreuz, oh Haupt voll Blut und Wunden,
und keine Dornenkrone ziert den Schmerz.
Er ist ein Mensch, sein Leben lang geschunden
und schaut auf uns und schaut nicht himmelwärts.

Er hat sein Kreuz nicht selbst zum Berg getragen,
spannt seine Muskeln, Arbeit gab ihm Kraft.
Er hängt am Kreuz, doch er ist nicht geschlagen.
Was Knechte frei macht, weiß er, was sie schafft.

Er nimmt nicht auf sich all die Menschenleiden
und von den Herrn nicht, was sie häufen, Schuld,
speist uns nicht ab mit Demut und Geduld.

Und ungestüm reißt er vom Kreuz sich los,
dann, aufgerichtet, geht er mit uns, groß.
Wer, wie er, so nackt ist, wird sich kleiden.

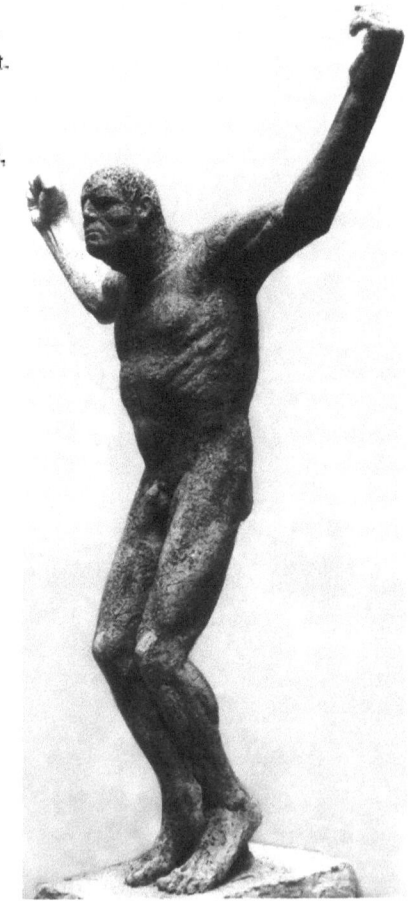

(Faksimile aus der Anthologie „Wenn Bilder reden", 1978)

230

Klaus-Dieter Schönewerk

Lena

(Auszüge aus seiner 90-seitigen Biographie unter den Namen Bodo)

„Gänse"

Als Bodo ein kleiner Junge war und noch nicht zur Schule ging, schlug sich sein Vater in einem Weltkrieg herum, den man später den Ersten nannte. Sein Vater, kaisertreu, fand das ganz in Ordnung.

In dieser Zeit lebte Bodo mit der Mutter bei seinem Großvater auf einem kleinen uckermärkischen Bauernhof in der Nähe von Prenzlau. Der Ort hieß Göritz und war ein Straßendorf. An einem Ende stand das Schloss des Freiherrn von Wedel mit einem Park und am anderen die Ziegelei. ...

Hinter dem Dorf in Richtung Uckerstrom türmten sich aus großen Steinen zwei Hünengräber auf. Kartoffel-, Weizen- und Rübenfelder, auch Futterwiesen rahmten alles ein. ...

Zum Bauernhof gehörten auch noch Bodos Großmutter, Tante Röschen, zwei Pferde, zwei Kühe, drei Schweine, einige Hühner und besonders Gänse, viele Gänse. Gänsehüten mit Bodo als Hirten fand alle Tage statt, weil das Federvieh keinen Sonntag kannte. ... Das Gänsehüten wurde durch Lena angenehmer. Sie war dreizehn Jahre alt, wohnte am Ende des Dorfes und musste auch hüten. Sie hatte rote Haare, Sommersprossen und größere Brüste als seine Mutter. An ihrer dünnen Leinenbluse fehlten immer einige Knöpfe. ... Oft flogen ihm die Gänse fort. Manchmal hatten die Gänse Güssel. Griff ein Raubvogel die jungen Gänse an, dann warfen alle Hirten ihre Schürzen über die Güssel. Bodos Schürze war viel zu klein. Bis er wusste worum es ging, saßen seine schon unter einer anderen Schürze. Als er weinte, nahm Lena seinen Kopf und drückte ihn an ihre Brust. Das war schön. ...

Großvater war Amtmann und Standesbeamter im Dorf. ... Fröhlich war heiraten sicher nicht. Alle schauten sehr ernst, auch Großvater. ... Gesprochen wurde wenig. Die Pendeluhr, mit dem Adler obendrauf, tickte. Großvater schrieb. Die Braut sah nicht so hübsch aus, wie Lena. Sie war sehr zugeknöpft und hatte dicke wollene schwarze Strümpfe an. Solchen Strumpf zog sich Großmutter immer abends aus, wenn Bodo die Flöhe im Bett bissen. Sie fuhr mit dem Strumpf unter seinem Hemd auf dem Körper herum. Danach waren alle Flöhe in Omas Strumpf. Das ging aber nur mit Omas gebrauchten Socken. Sie durften nicht frisch gewaschen sein. Ihren Strumpf hing Oma an's Fenster. Am anderen Morgen schüttelte sie ihn aus und zog ihn an. Die Flöhe hopsten dann wieder in die Dielenritzen. Die Strümpfe der Braut waren anscheinend frisch gewaschen, denn die Flöhe aus den Dielenritzen blieben in der Nähe von Bodos Pantinen.

Am Ende der Trauung zog der Bräutigam einen Flachmann aus der Tasche, und alle nahmen einen kräftigen Schluck. Aber es wurde immer zweimal geheiratet, das zweite Mal in der Kirche. ... Die Rede und der Gesang waren langweilig. Schnaps gab's auch nicht. Lena sagte: „Nur beim Abendmahl wird getrunken!"...

Kurz vor Bodos Gesellenprüfung starb sein Vater. Beim letzten Besuch im Krankenhaus gab dieser ihm einen silbernen Taler, der die Jahreszahl 1818 trug. Immer hing er beim Vater an der Taschenuhr, und nun erfuhr Bodo seine Geschichte. Vaters Großeltern wohnten in einem schilfgedeckten Fachwerkhaus, das am Weststrand von Rügen geschützt hinter einer Düne stand. In einer Sturmnacht klopfte es um Mitternacht dreimal an den scheppernden Fensterläden, und eine heisere Stimme rief: „Dörthe, Dörthe kumm zum Backofen, un hol die Geld!" Als Dorothea hinausgehen wollte, hielt ihr Mann sie fest: „Wat willt tu bi dem Besopenen?" Als Großvater wieder schlief, schlich sie trotz Sturm und Regen mit einer Laterne zum hinter dem Haus stehenden Ofen und öffnete die eiserne Tür. Die Asche war zu einem Kegel gehäuft, und oben drauf lag der Taler. Großvater wollte ihn nicht haben, weil es Teufelsgeld sei. Darum versteckte sie ihn hinter der Bibel und schenkte ihn Bodos Vater zu dessen Einsegnung. Nun hängt er an Bodos Taschenuhr. ...

„Bis Kriegsende"

Die faschistische Wehrmacht bereitete eine Offensive im Westen vor. Der Krach in seinem Betrieb und die Einberufung der Reservisten, genannt ‚Göbbelsspende', fielen zusammen. Am 9. September 1944 traf er in der Hindenburgkaserne bei Bremen ein.

Hier wurde er für die Raketenwerfer umgeschult und fuhr Ende September nach Munsterlager. ... was für eine schöne Landschaft die Lüneburger Heide. ... In den letzten fünf Jahren waren Millionen Soldaten gefallen und Menschen ermordet worden. Man hätte schreien, verzweifeln müssen, Bodo war nur traurig, ... Nun war er bei solch einer Waffe, wo eine Granate 110 Kilogramm wog. Fünf lagen in einem Rohrblock, und sechs Werfer hatte eine Batterie. ...

Die Raketen der ersten Regimentssalve flogen mit weißgelben Lichtspuren in die amerikanischen Stellungen. Bodo stellte sich vor, was da drüben los war. Die Luftpressung der Detonationen drang in jeden Unterstand, in jedes Deckungsloch. Da gab es kein Entrinnen, nur noch Tote. Während er zur Batterie zurückging, immer nach dem Feuerschein des flammenden Infernos, wurden laufend Salven geschossen, auch von den rechts und links liegenden Regimentern. Der Chef wartete schon auf die Karten für die neuen Zielräume. Da wurde in der amerikanischen Front kein Fleck Erde ausgelassen. Es war 23.55 Uhr, als er wieder an seinem Werfer war und sich aktiv an diesem Wahnsinn beteiligte. Wie mörderische Ironie kam ihm der Ausruf 'Prosit Neujahr' in den Sinn, als eine Minute vor dem Jahreswechsel die nächste Todessendung gezündet wurde. Im zuckenden roten Wetterleuchten lag der ganze Horizont. Dort war die Hölle ... zerfetzte Leiber.

„Rückfahrt" aus französischer Kriegsgefangenschaft

... 1947. Die Heimfahrt im Güterzug war eine Hungerkur und frischte Erinnerungen an vergangene Zeiten auf. Den Transport begleiteten Marokkaner. In jedem Waggon waren dreißig Heimkehrer. Der Zug hielt auf freien Strecken und auf Güterbahnhöfen. Beim Halt auf freier Strecke konnten sie ungestört austreten gehen, aber Waschen und Trinken war nicht möglich. Hielten sie in einem Ort, so kamen die Einwohner und kauften von den Marokkanern die für die Nochgefangenen mitgeführte Verpflegung. Sie sahen dann mit leerem Magen, wie Zweidrittel ihrer Brote, Kekse und Wurstbüchsen bei den immer noch hungernden Franzosen blieben. Die Waggons waren verdreckt mit den Resten früherer Transporte. In einer zerlumpten Zeitschrift fand Bodo einen Artikel über Farbenlehren. Um den Hunger zu vergessen, las er ihn zweimal, nicht ahnend, daß er das Wissen über den

Inhalt bald brauchen würde. Der Transport erreichte Eisenach. Die Polizei führt sie zu einem Auffanglager, wo sie in einer Baracke ihre Rucksäcke ablegen mußten. Jahrelang hatte Bodo sich an amerikanische und französische Uniformen gewöhnt und nicht darüber nachgedacht, wie Polizisten in der sowjetischen Zone aussehen könnten. Diese Ordnungshüter erschreckten ihn. Ihre dunklen Uniformen mit den silbernen Kordeln an der Schirmmütze deckten sich mit unangenehmen Erinnerungen an die Waffen-SS. Die Ordnungshüter wurden immer noch wie Kriegsgefangene kommandiert und behandelt. Die Polizisten befahlen, die Baracken nicht zu verlassen. Bodo und seine Kumpel wollten sich aber wie in der Heimat fühlen und verließen in der Dämmerung über einen niedrigen Zaun das Lager, um in einer Kneipe endlich ein Bier zu trinken. Es wurde ein fröhlicher Umtrunk. In heiterer Stimmung traf ihre kleine Gruppe am Abend wieder im Lager ein. Keine Rucksäcke lagen mehr in der Baracke. Sechs Polizisten führten sie in ein vergittertes Holzhaus, in dem sich auch ihr Gepäck befand. Nun waren sie schon wieder Gefangene und Bodos Vorstellungen über eine sowjetische Besatzungsmacht blieb weiter unklar. Nach dem Krieg und der vielfältigen langen Gefangenschaft hatte ihn diese Situation nicht beunruhigt, aber sie entsprach nicht der Vorstellung von einer Heimkehr.

Sie pennten fest bis zum hellen Morgen. Zwei Polizisten brachten Malzkaffee und Brot, ... Bodo und die anderen Kumpel gaben ihnen von ihren Vorräten und beendeten damit die Haft.

Ein paar Wochen später kamen sie, oft mit Läusepulver eingestäubt ins Quarantänelager Glöwen, nördlich von Havelberg. Es lag weitab vom Dorf in einem feuchten Luch mit kahlen Sträuchern und wenig Ackerland. Der kalte Oktobernebel schirmte es von der Umwelt ab. Noch einmal trostloses Barackenleben bei schlechtem Essen, wo Bodo, um der Eintönigkeit zu entkommen, Skat spielen lernte. Sein selbstgebauter Koffer hatte einen doppelten Boden, unter dem drei Uhren, sechs Tafeln Schokolade, seine Wohnungsschlüssel und 250 Mark lagen. Der Kofferdeckel war innen mit den Bildern nackter Frauen dekoriert und hielt die Kontrolleure davon ab, tiefer in den Koffer einzudringen. Bodo hatte seiner Frau geschrieben, wann am Heimfahrtstag ihr Zug in Berlin ankommen würde. Vor der Abfahrt kaufte er bei einem Bauern einen Sack Kartoffeln, um nicht mit leeren Händen nach Haus zu kommen.

Bei der Heimfahrt hatte der Personenwagen keine Fensterscheiben, und der Fahrtwind ließ sie in der kalten Oktobernacht erstarren. Fast alle Kameraden wurden in Berlin von Verwandten oder Freunden abgeholt. Für Bodo war niemand da. Allein stand er auf dem leeren Bahnsteig. So einsam war er die ganzen letzten drei Jahre nicht. Ausgehungert und durchgefroren erreichte Bodo in der Morgendämmerung seine Wohnung.

Seit Rennes waren fünf Wochen mit unzureichender Nahrung vergangen. Sein Gewicht hatte sich auf siebzig Kilogramm verringert. ...

In Bodos Beruf war noch nicht viel zu tun. Bodo interessierte sich für die Berufsschullehrertätigkeit, wäre aber auch gern Bühnenmaler geworden. Im Arbeitsamt bekam er die Anschriften vom Hauptschulamt und von den Theaterwerkstätten. Die erste ankommende Straßenbahn fuhr zum Hauptschulamt. Holpernd und in den Kurven quietschend ratterte sie durch die Straßen, deren Ruinen selten von bewohnten Häusern abgelöst wurden, zum Werderschen Markt. Dort stand dieser Schinkelbau, fast auch eine Ruine, während des Arbeitstages von Pädagogen bewohnt, die bemüht waren, die Schul- und Berufsausbildung aufzubauen. ...

Aus den Fenstern am Ende des Gebäudes ragten qualmende Ofenrohre, weil der Dampf der Heizung nicht die hintersten Räume erreichte. Es war dämmerig und trostlos in den Gängen. Bodo wollte schon umkehren, als ein freundlicher älterer Herr nach seinem Ziel fragte. Er begriff schnell und führte ihn durch Gänge über Treppen zur Kaderleitung. Bodo wollte schon gar nicht mehr Berufsschullehrer werden. Aus Höflichkeit beantwortete er alle Fragen und wurde beglückwünscht, weil er zum Semesterbeginn am 1. September der dreißigste Bewerber sei und übermorgen, zusammen mit anderen, zur Aufnahmeprüfung in die Pädagogische Hochschule gehen könne.

Mit neunundzwanzig weiteren Prüflingen saß Bodo dann in einem Wartezimmer. Fünf sollten ausgewählt werden, um das laufende Semester aufzufüllen. Bodo hatte acht Jahre Gemeindeschule, und drei Jahre wöchentlich einen halben Tag Berufsschule absolviert. Er dachte: „Wenn die mich hier nehmen, sind sie selber schuld!" Die schriftlichen Prüfungen am ersten Tag mußte er gut beantwortet haben, weil ihm später nichts Nachteiliges gesagt wurde. Für die mündliche Prüfung am zweiten Tag war er mit „S", wie immer der Vorletzte. Das war sein Glück. Als er am späten Nachmittag dran war, muß die Prüfungskommission schon sehr müde gewesen sein. Anders Bodo. Krieg in der Kaserne und an der Front, sowie drei Jahre Gefangenschaft, hatten sein Wartevermögen sehr gut entwickelt. Er war völlig frisch vom Schlafen auf dem Stuhl und erkundigte sich bei einem herauskommenden Prüfling, worum es überhaupt gehe. „Das Wichtigste und Schwierigste", so sagte der, „sei ein Psychologieprofessor, der fragt, was man gelesen hat, und dazu ein Gespräch führen will oder Fragen stellt!" Na Hilfe, dachte Bodo. Sollte er dem Karl May, Zane Gray und einen Band Jack London anbieten? Ihm fiel die Farbenlehre aus dem Güterzug ein. Damit kann er sich retten. Ein Psychologieprofessor weiß sicher nichts über Farbenlehren, war seine irrige Ansicht. Der Professor fragte Bodo: „Ich hatte in meinen sechzehn Jahren Industrieproduktion wenig Zeit zum Lesen und interessiere mich für Physik, Malerei und Farbenlehren!". Des Professors Gesicht leuchtete auf wie eine Bogenlampe: „Wer hat denn bedeutende Farbenlehren geschrieben?" Nun leuchtete Bodos Gesicht. Er hatte ihn da, wo er ihn hinhaben wollte: „Na Newton und Goethe!" „Sehr richtig! Worin unterscheiden sich die Darstellungen der beiden?" „Newton bearbeitete das Gebiet physiologisch und Goethe psychologisch!" „Treffend, hervorragend, sehr gut. Ich habe keine weiteren Fragen!" Der Vorsitzende dieser Kommission, Professor Doktor Blume, wollt wissen, was ein Modell ist. Da er Bodos Darstellung verstand, nahm er an, daß ihn die Lehrlinge auch verstehen werden. Der Fachmethodiker für das Holzgewerbe fragte noch, wie man dieses und jenes bildhaft darstellen könnte. Sie waren alle schon sehr müde und Bodo somit unter den aufgenommenen fünf Studenten. Was wäre, wenn die Straßenbahn zu den Theaterwerkstätten zuerst gekommen wäre? Aber sie kam ja nicht, und Bodo wurde Berufsschullehrer. ...

Nach uns die Sintflut

Nach uns die Sintflut.
Die Fichte
vor unserem Haus
läßt ihre Zapfen fallen.

Auf dem Papier
aus ihrem Holz
steht:
Mit uns die Sintflut.

Eine alte Geschichte

vom Wind gesät
die wilde Rose
vor deinem Haus.
Sie wächst,
vertraut dem Schatten,
den du nicht siehst.
Leichter trägst du
das Haus weg
als Wasser zu ihr.

Siegfried Modrach, Marion Sekulla, Jürgen Molzen

Emanze

Gewinnt täglich beim Verlieren.
Lächeln ist Trumpf.
Selbstbewußt Schwäche zerredend
trügt nicht.
Ein Traum
zu oft geträumt.

Heimatlos

Zurückgeblieben
hinter der Mauer
atme ich auf.
Ich vergebe mir.
Beim Auspacken der Koffer
finde ich
eine Rose.

Ahnung

Heute tanz' ich
Meinen Traum
Im Bühnenlicht.
Sitz' ich im Saal
Irgendwann –
Weiß ich mehr.

Tanzabend

Der Saal war zum Bersten voll. Er sah auf eine riesige Menge sich im harten Rhythmus bewegender Leiber, die in dem grell aufflackernden Licht bizarr verformt schienen. Irgendwo da unten mußte sie sein, zwei Jahre hatte er gewartet. Nun war sie da. Er war nicht traurig, daß er nun trotzdem alleine hier oben auf der sogenannten „Terrasse" saß. Zwischen Fünfzig-Watt-Verstärkern und dem Lärm Hunderter Menschen genoß er das Gefühl, eine große Aufgabe, seine erste, bewältigt zu haben. „Welch erhebendes Gefühl", dachte er, „in zwei Jahren hat James Cook die Welt umsegelt, Stuart Australien durchquert, schade, daß die Erde so klein ist, man hat vergessen, mir ein Stückchen zum Entdecken übrig zu lassen."

Als ihm einfiel, daß er die Welt ja nun neu und zu zweit entdecken konnte, hatte er seinen Vorgängern schon fast verziehen und sponn den Faden weiter.

Zuerst nach Italien, entschied er, nicht vergessen, vorher Farbe einzukaufen – die blaue Adria soll für sie so blau wie noch nie werden. Dann mal schnell bei der Sonne vorbei, das Licht ausknipsen, damit die Stewardess nicht merkt, wie wir ins Flugzeug schlüpfen, nach der Zwischenlandung in Kairo nach China, feststellen, warum die Chinesen so gelb sind, vielleicht essen sie zu viel Käse oder pinseln sich für die Touristen heimlich an, na den Schwindel werden wir auch noch aufklären.

Auf einmal schnaufte es neben ihm: „Mensch, ist das heiß hier", hörte er.

„Vielleicht trinken sie auch zu viel Zitronensaft", sagte er, „soll's ja da in Massen geben." Er bestellte sich ein Glas bei der vorübereilenden Kellnerin, trank es aus, ging auf die Toilette, schaute in den Spiegel, kam zurück und sagte: „Nein, daran kann's auch nicht liegen."

Als sie ihn darauf fragend ansah, schilderte er ihr die Sachlage. Sie versuchte ihm zu erklären, daß das wahrscheinlich von dem Sonnenlicht komme, aber er meinte nur: „Ich hab doch das Licht ausgeknipst!"

Sie lachte ihn einfach aus, er war beleidigt, ließ sich aber willig von ihr auf die Tanzfläche schleifen. Sie freuten sich am Zusammenspiel ihrer Körper, und er merkte mit jeder Faser, was Glück bedeuten kann.

Als Kind hatte er sich ein Trampelauto gewünscht, später waren es Bücher, Platten, Radios, Motorräder, die ihn glücklich machten, und nun lag sein ganzes Glück in einem Menschen, einem Nichts, mit kurzen Haaren und zwei großen Augen, einem Nichts, gemessen am Universum und doch so viel, das er ewig und immer neu daraus schöpfen konnte. Er liebte die Welt, und er liebte das kleine Gesicht mit den großen Augen, denen er nie widersprechen konnte, wenn sie ihn baten, vor denen er floh, wenn sie ihn zornig anfunkelten, in denen die Welt war, wenn sie lächelte.

Der Tanz war zu Ende. Das Parkett leerte sich. Sie gingen vor die Tür und versuchten den „Duft der großen weiten Welt" zu spüren. Als sie nichts merkten, gingen sie wieder hinein und stürzten sich erneut in den Trubel, aus dem sie nach einer Weile schwitzend wieder hervorquollen. Auf dem Nachhauseweg freute er sich an dem Gefühl, jung zu sein und geliebt zu werden.

Als sie vor ihrer Haustür waren, wollte er gehen, sie hielt ihn fest. Sie sahen sich lange an, er dachte einen Moment daran, daß ihre Kinder schon sein würden. Dann gingen sie beide langsam hinein, und draußen rauschten dieselben Bäume, die ein knappes Jahr später von neugierigen und den gleichen großen Augen beobachtet wurden!

Origami für Hiroshima

(1)
Wenn dich der Mond aus der Zeit fischt,
meine kranke sadako,
faltest du ohne Pause Kraniche aus Papier, vertraust
du jedem den Wunsch an,
er möge deinen Fluch lösen.
Der Tausendste schon, so die Legende, würde erfüllt.

(2)
Wenn Kraniche klein sind,
wissen sie noch nicht
wie schön sie einmal tanzen können.
Ängstlich ziehen sie ihr linkes Bein an.
Manche, heißt es, hören nie auf,
den anderen traurig zuzuschauen.

(3)
Sag, meine kleine Sadako,
warum zählten blinde Götter
nur neunhundertneunundneunzig gefaltete Kraniche?
So gern hättest du allen den heilenden gezeigt;
So gern hätte ich gesehen,
wie du deine Flügel zum Tanz ausbreitest.

(4)
Einmal wird kein Mensch mehr den Tänzen der Kraniche zusehen,
zählen, wie viele gefaltete Träume dem Fluss der Zeit vertrauen.
Wunder werden vergessen sein.

(5)
Dreihundertmal erst
Schrieb ich den immer gleichen Wunsch auf Papier,
wäre doch solch LITTLE BOY nie geboren worden
Die Schrift verwischt.
The domain sadako.org is for sale.

Unschuldsblick

Ich
habe noch nie
einen Menschen getötet
versichert das auge
das gut geübt
den Feind
anvisiert
dem Finger

immer
bist du es
der abdrückt

Exil im eigenen Land

Zu hause einst
trat ich
für meinen
traumvogel
in die pedale
schob ich bergauf
ahnte ich höher gelegene
mühen der ebene

heute
ersticke ich
in sonderangeboten
flüge
in traumvogelländle
dabei zu erwerben
glasperlen

im kühlenden keller
wische ich
vom sattel
staub
mit meiner feder

Einladung

schenk mir ein kilo hoffnungsduft
und ein pfund vom schrei vor entzücken
zweihundert gramm ichweißnichtmehrwas
und ein ganzes stück nichtmehrdrücken

ja am besten das aus der freude geschälte
ohne enttäuschungsknochen
und ohne die sehnen vom alltagsstress
die werden nicht weich beim kochen

putz neidlosmöhren stück für stück
puhl langfleißerbsen ganz junge
zig jugendschoten schwimmen im topf
die brennen so heiß auf der zunge

nimm mir den ersten teller ab
du kriegst den allergrößten
erst der einhundertfünfundzwanzigste gast
muss sich mit brühe trösten

In der Mitte: slov ant gali und Alois Hallner

Der Kluge Pfeifer und das Liebespaar

Einst saß ein Kluger Pfeifer auf einem Ast. Er hatte eine ganze Stunde gepfiffen, so gut er konnte, und machte nun Pause, weil auch sein Artgenosse vom Nachbarbaum eine Pause machte.

Da kamen zwei Spank zu der Bank am Stamm des alten Otonbaumes. Verzückt lauschte der Vogel den Worten, mit denen der junge Mann der Geliebten seine Gefühle schilderte. Er sprach schon drei Minuten und in jeder Minute formte seine Zunge hundert verschiedene Silben zu Wörtern und die Frau verstand sie alle und dann antwortete sie zwölf Minuten und in denen sprach sie wohl tausend Laute und er verstand sie alle.

Ihrer beider Stimmen tönten wie Musik und sie waren von solchem Wohlklang wie bei zwei Liebenden eben, und nach ihrem tausend hundersten Wort berührte der Schnabel des Spank-Männchens den des Weibchens und die beiden begannen zu schnäbeln. Dann fassten die kräftigen Flügelspitzen des Männchens dem Weibchen unters Gefieder, bis dieses dalag wie in der schlimmsten Mauser, aber nun sangen die beiden gemeinsam und der Kluge Pfeifer fand, dass das viel schöner klang als sein Gepfeife, mit dem er versucht hatte, das andere Männchen zu verjagen.

Wäre es nicht wundervoll, ein Spank zu sein wie die beiden da unten? Der Kluge Pfeifer wusste, dass das, was sie taten, um sich zu verständigen, sprechen genannt wurde. Er hatte sie belauscht und verstanden, dass das Weibchen da unten zwar keine Eier legte, sie beide zusammen aber ihr Nest bauten und darin ihre Küken wärmen wollten. Alles verstand er, doch er konnte nicht mitreden. Wie gerne würde er selbst sprechen können, aber ihm war nur ein eintöniges Pfeifen gegeben.

Und so bemühte er sich, wenigstens die Sprache der letzten Töne nachzuahmen, die der Spank dort unter dem Baum von sich gaben. Es waren wundervolle Klänge in den Ohren des Vogels, auch wenn er den letzten keine rechte Bedeutung entnehmen konnte. Sie erschienen ihm aber als ein Ausdruck tiefster Freude. Am schönsten kamen ihm die letzten Laute des Weibchens vor und der Kluge Pfeifer wiederholte sie immer wieder, in der Hoffnung, wenigstens dieses aus nur einem einzigen Laut bestehende Wort genau nachzuahmen. Er war so entzückt, dass er gar nicht mehr auf das Pärchen auf der Bank achtete. Das hatte nämlich sein selbstvergessenes Tun beendet.

Zuerst hatten die beiden amüsiert gelauscht und sich aneinander gekuschelt, als erfreute es sie, ihr Echo vom Baum zu hören. Dann aber hatte die Spank-Frau den Mann gefragt, ob er denn den Vogel da oben nicht einfangen und davon überzeugen könne, sie künftig in ihrem gemeinsamen Heim an diesen Augenblick der leidenschaftlichen Liebe zu erinnern? Täte er es hier draußen, wäre es dagegen sehr peinlich.

Der Mann lauschte noch einen Moment auf den endlos erscheinenden Nachklang der eigenen Laute und kam sich dabei immer mehr verspottet vor, wie es wohl jedem Spank gehen mag, wenn man ihn nachahmt. Als das gar nicht enden wollte, war er schließlich bereit, der Bitte seiner Geliebten nachzukommen. Er ging und holte ein Netz, es dem Klugen Pfeifer überzuwerfen und eine Leiter, mit deren Hilfe er einen der dicken Äste erklomm. Noch immer pfiff der Kluge Pfeifer die Liebeslaute der Spank. Der Mann kletterte weiter.

Er hatte den Zweig mit dem Vogel darauf fast erreicht, da brach der Ast, auf dem er stand, und anstelle einer wortreichen Sprache stieß er im Fallen nur ein „Ah" aus und auch beim Aufprall unten fand er nur einen einzigen Wehlaut.

Da flog der Kluge Pfeifer davon. Was nutzten den Spank ihre vielen Worte, dachte er bei sich, wenn sie nicht fliegen konnten? Da war es wohl doch besser, ein nur pfeifender Vogel zu sein.

Vom Königsfloh

es nahm einst im berliner zoo
im löwenschopfe platz ein floh
er strotzte regelrecht vor mut
und gierte nach des löwen blut

er schaffte wie mans kaum gedacht
nen flohstich dort von voller pracht
oh wie er badete der gute
in könig leuens frischem blute

es ist ihm sehr zu kopf gestiegen
wer kann schon könige besiegen
der floh sprang hoch zu den giraffen
dann in den zwinger voller affen

ihr braucht euch alle nicht genieren
ich bin der könig von euch tieren
sprach er wie man sich denken kann
am hals von einem rhesusmann

den es gejuckt bereits sehr lange
die krallen greifen wie ne zange
den floh der nun geknackt als laus
zwar spritzt noch löwenblut heraus
jedoch der königstraum ist aus

Nächte

Ich schwinge das Schwert.
Ich enthaupte mich
in den Nächten
der geborstenen Träume.
Dann spür ich ihn
trommeln
schneller und schneller
meinen Herzschlag.
Ich tanze
kopflos
über glühende Kohlen
bis sie
ersticken
unter meiner Last.

Die Schwingen des Vogels

spielen
mit den Schatten.
Ihre Botschaft
ohne Eindruck
fang ich
fliegend
auf.

Nebelschwaden
verhüllen
die ewigen Gesten.
Elfenzartes Gespinst,
verfängt sich
unter meiner
Haut.

Ich folge
Verklingendem
nach
in die Tiefe
seines Widerhalls.
In den Mannigfalten
der großen Reiche
schlummert
Unerschöpfliches.
Zwischen den Momenten
thront die Zeit
erhaben.

Geborgtem Augenblick,
der mich
sehen lässt,
geb ich mich hin.
Hohezeit,
die geweiht ist
dem brennenden Herz.
Verschleiert euch nicht mehr
Geliebte.
Nackt im
sonnenmondenen Licht
sehe ich uns
so strahlend
schön.

Feind

mir nahe
wie ein Bruder
im Netz der Wunden.
Dir geb ich mich hin
gefesselt über dem
Abgrund.

Du hast mich nie belogen.
Du hast mich nie
im Zweifel gelassen.
Eines Tages
werden wir
einander töten
ohne Hass
Geliebte

Altweibersommer

Der Nebelschleier zwischen hohen Bäumen
berührt Gesträuch und morgenfrisches Moos.
Die Sonne steigt, verwandelt ihn in Fetzen
und legt der Nacht sie wieder in den Schoß

Und währenddessen breitet ihr Gehilfe,
der Windhauch, sich wie Löschpapier ins Gras.
Fest stehn die Silhouetten alter Eichen,
verschmelzen mit der Wand aus blauem Glas.

Es hängt ein Glücksrad in den dürren Zweigen.
Ein kleiner Künstler, der
es spann aus feinstem Gold,
fing darin ein die schönsten unsrer Tage,
hat für den Augenblick sie uns zurückgeholt.

Auf dem Arbeitsamt

Ich hatte stets einen Namen,
hier gab ich ihn ab vor der Tür,
wie all die andern, die kamen.
Als Nummern nur sitzen wir hier.

Die Nummer hat mich gespalten,
hat mich in zwei Stücke geteilt,
kann nun mit mir Zwiesprache halten,
wie man Wunden schlägt und heilt

Die mit mir die Wartezeit teilen,
schaun stumpf bis zum Seelengrund,
kein Psychiater kann sie heilen,
eine Nummer wird nicht gesund.

Zwischen Zorn und Zuversicht

Einmal bin ich aufgestanden,
einmal trat ich aus dem Fluß –
floh die Schatten, die mich fanden,
die mich knebelten und banden,
malträtierten mit Genuß –

barg mein blutiges Gesicht
zwischen Zorn und Zuversicht.

Einmal riß ich an den Ketten,
einmal wähnte ich mich frei –
suchte ich, mich selbst zu retten
vor Verdruß und Suffragetten,
vor dem Nichts und Barbarei –

brach im Dunkel sich das Licht
zwischen Zorn und Zuversicht

Einmal wurde ich erschlagen,
einmal wurde ich ertränkt –
dann in einem Zirkuswagen
ohne Schaudern, ohne Zagen
vor Metropolis gehenkt –

Schattenriß vorm Weltgericht
zwischen Zorn und Zuversicht.

von links: Klaus Lettke, HEL und Reinhard Johannes

Siebenvier

Ich sing euch einen ring von rubayyaten
heißt viererspielen Von den guten taten
   ist das die kostengünstigste Man darf
sie ungewürzt genießen scharf gebraten

Nun seht es geht auch mit 6 Hebungen padam
Man muß dabei nur richtig zählen könn padam
   Zählén ist aber noch nicht alles hier
Man soll bei 4 nen reim haben padam

Sie eignen sich für zig gelegenheiten
geburts- und sterbe- hoch- und miese zeiten
   Ihr könnt auch bei verlegenheit billette
Für liebesdienst etcetera bestreiten

Ihr könnt auch bei verlegenheit billette
wenn sie auch aus der mode sind für nette
   concirculäre schreiben Und so findet man sich
Auch kränze bindet man sich für sonette

Wie für sonette für ghazelen ebenfalls
könnt ihr nach art von Martin zählen ebenfalls
   und bei bedarf könnt ihr euch für den tanz
auch einen schwanz selbst wählen ebenfalls

Apropos schwanz: Den zirkel ziert's gelinde
mal so gesagt wenn jeder seinen minde-
   stens dem des nachbarn wie beim zopfappell
verknotet schnell im viererspielgebinde

Zum schluß die schote von dem mann der warf
mit rubayyaten um sich – was man darf
   doch gab's noch andere die solches taten
Es war ein waten in salat – alaaf!

Schon wieder die von der Religion
Typoskript von HEL

Trostlied für NADA

Für Oum Kalthoum

Eine ist da die faßt alles zusammen
die fängt das blut auf schlichtet den streit
Eine ist da die läßt dich nicht fallen
Eine ist da die bündelt die zeit

Eine ist da die schreibt in ein buch ein
was du von deinen zetteln streichst
Die weiß es und schweigt und dann singt sie 's den bergen
lange bevor du die berge erreichst

Eine ist deinen weg schon gegangen
wußte die sieben steine im fluß
Eine ist da doch die sollst du nicht fragen
denn ihre antwort ist asche und ruß

Oktober 1996

Passionsspiel vom Haus und den Katzen

Einst stand das haus hier innen von mietern bewohnt und
                              außen von wettern
Jetzt sieht man aluminiumstangen fassadenauf klettern

Das haus war tauben ein turm und mauerseglern ein kliff
Arbeiter entern's wie schiffsjungen entern ein schiff

Man hört sägen und bohren man riecht schweißen und löten
Die mieter sind als füllmasse nicht mehr vonnöten

Nachts ummantelt die grauen abdeckplanen der wind
Darunter verläufst du dich wie in zauberwäldern ein kind

Der schnurrbart der katz ist gesträubt der schweif eine traurige schleppe
Was uns jahre sind sind ihr Jahrzehnte unter der treppe

Auf der straße wird das munitionsdepot installiert
Container betonmischmaschine und ytongeviert

Besatzungen anderer häuser kommen vom holz das sie brechen
Gut übern winter man sieht beladene staubig wie aus zechen

Im wieder zum rohbau gewordenen haus hat einer platte gemacht
Für zwei regennächte vielleicht für eine nacht

Da stehn die schuttvollen schubkarren vor schräger planke
Und arbeiter trinken ihr bier an der backsteinflanke

Zwischen den brettern können sie die mädchen von oben sehn
Über die bretter sicher in ausgeschachtete räume gehen

Jetzt wissen die nachbarn die nachbarn werden vertrieben
Die katzensippe ist auch nicht dageblieben

Die katzenmutter ist drei häuser weiter geflohn
Und brachte im keller zur welt drei töchter und einen sohn

Gebläserüssel blasen die nässe aus den neu verputzten mauern
Bis wieder spalten und risse sind wird es lange dauern

1995

Zirkelleersonette

I

Vers 1 bis 4 sind aus gekreuzten reimen
Sie atmen ein (sagt Brecht) das macht schon 8
Die stollen stellst du schneller als gedacht
Du mußt nur rheim und rhythmus richtig timen

5 hebungen (bei Gryphius 6) das macht
An 159 silben Keimen
Tut's aus vergänglichkeit und liebe Leimen
mußt du es selbst so daß es klingt nicht kracht

Und knick Die letzten 6 ans dröge Du
Meist ist das Du Frau Welt die hört nicht zu
Und schwört der zuber sei dem eimer einbar

Vers 9 bis 14 und du atmest aus
Der abgesang ist kürzer doch nur scheinbar
Erst nach der 14 findest du nach haus

II

Beim Sonnet Shakespeariense wiederum
Kannst du's dir einfach machen: männlich/weiblich
A b a b das kreuzt sich nicht und drum
Treib du die mühle nur die unbetreiblich –

Zum reim noch was: Der männliche ist knapp
Die weibliche ist manchmal noch viel knapper
Der schnitt kein weib die letzte silbe ab
Und schickt inn wald den alten trapperabber

(Knick?) Acht beim Shakespeare Sonnet stets darauf:
3 strophen darfst du Falstaffs garn verspinnen
Doch bei den beiden letzten versen: auf-
Gepaßt die sarkastieren und nach innen!

Die schärfen beidseits sich zum aphorismus
Und jeder „schneidet schärfer als faschismus"

III
Zum sonderfall zum schluß: Es gibt quatrinen-
Sonette (selten) doch der rede wert
(nicht zu verwechseln Katrin mit pantinen)
Getrieben wie 'n dadamaszenerschwert

(Nur echt mit vierfachreimgeflecht) Das erd-
Zeitalter ehrt das das das eisen pressen
Und fressen mußte menschentfacht und schmert
Im unterhau dahin vergeßvermessen

Der rest ist fest verzinst bei Krupp in Essen
(C D) Da geht es nicht um schwert und schild
Wird C rebrali D im kauftrag wessen?

Doch eines wissen wir: Das widerbild
Sind wir da mitzuwildern nicht gewillt
Gilt schon der welt wo solches nicht mehr gilt

1993

War eine Huzulin
ukrainisches Gedicht

WAR EINE HUZULIN

War ein huzulenmädchen dort
huzulenmädchen bitte
saß das jahr in einem fort
im kalten vor der hütte

Wie sie so dagesessen ist
da hat sie gott gebeten
barmherziger und Herre Christ:
Er soll sich nicht verspäten

Dreihammelland zweilämmerhaus
am ufer eine hütte
vier mais drei maus zwei hemd aus flaus
Ein reiches mädchen bitte

21.8.03

ukrainisch
TAJ HUZULKA

Toussaint

Тай гуцулка
Taj Huculka
Es war eine Huzulin

Moderato · Ukrainisch

Taj Hu - cuł - ka-j Hu - cu - ło - czka, Hu - cu - ło - czka-j bi - ła,

taj Hu - cuł - ka cze - rez li - to w cho-ło - di sé - di - ła.

Тай гуцулка

Тай гуцулка-й гуцулоъка,
Гуцулоъка-й била,
Таи гуцулка ъере3 літо
В холоді сиділа.

Та як она бай сиділа,
Та бога згадала:
Тай господи милосерний,
Абим се віддала.

Гудулія баранія,
Над берегом хата,
Ътери шульки, два кошульки,
Дівъина ъубата.

Taj Huculka-j

Taj Hucúlka-j Hucúločka,
Hucúločka-j býla,
Taj Hucúlka čérez líto
V chólodi sydíla.

Taj jak oná baj sydíla,
Ta bóha zhdála:
Taj hóspody mylosérnyj,
Abým se viddalá.

Hucúlija baránija,
Nad bérehom cháta,
Čtéry šúľky, dva košúľky,
dívčyna čubáta.

Es war eine Huzulin

Es war eine Huzulin
Eine Huzulin,
Eine Huzulin saß das ganze Jahr über
In der Kälte.

Wie sie so dasaß,
Bat sie Gott:
Herrgott, Barmherziger,
Gib mir bald einen Ehemann.

Huzulenland, Hammelland,
Am Ufer eine Hütte,
Vier Maiskolben, zwei Hemden,
Ein reiches Mädchen!

Adlershof Mendelzeilen! weit draußen liegst du tief drinnen
hölzerne steinerne gläserne stadt in der vorstadt zu finden

Fernsehfunk! Und wissenschafttrockenhaltenden hangars
Die unterm laser zu bett gehen Trudelwindkanal fang das!

Rechnen zum leben verurteilt zum beihalten doofer rabatten
Während elektrisches hirn summt die runde macht in baracken

Dächer meditierend im mond im bebebewegten
röntgt die eingeweide ab schon weißt du: so geht's dem

Messendes städtchen! Marschierschul für schildkröten! summt
                                        bis ihr satt seid!
so also lebt der mensch: aus wurzelarbeit zum blattspreit

buch dem man trauen kann ein mantel bis in die tiefen
jenes himmelsbrunnens auf dessen grunde wir jiepern

Niedrigformen des seins des enghirns höllenörter
(Mandelstam Danteareal) vom selbst bewacht wacht über körper

Trudelwindkanal trudle zeig uns es fliegt sich nicht einfach
aber wir sind auch nicht blind wir liegen nicht bein im gebeinfach

Kasch den hintergrundsturm zu widerstehen dem werksturm
eh sich das wetter verknäult dem fragilen prekären Dem erdwurm

Denken hilf! Und sei's weil alles da draußen bald langweilt
Judo mit der elliptik bevor sie vom pol her uns anpeilt

Adlershofer spaziergang klinkerflucht glashecken rasen
und die gekrümmte welt erklären dir hasen und raben

Für Marlies
2010

November

Kalt war der November, ein Monat
Voll Sterben, dreimal
Nahm er mir mein Enkelsein.
Dreimal schlich er
Durch die Felder meiner Tage.

Jemand folgte stichelnd,
Jemand spielte zum Tanz, doch wer
Räumt ihnen nach?
Schweigend steht der Splitter Mond, lautlos
Fiel er messerscharf
Wie eine Träne,
Die mich würgte, die ich schluckte,
Die ich vergaß.

Kalt war der November, ein Monat
Vieler Namen,
Gleich sind nur die Spuren, bleibend.
Das Sicheln hält an, der Atem:
Der Sommer ist längst verbraucht.

15.1.1992

Nach dem Regen

Floß im Kopf:
Das ungeschriebene Gedicht
Von blutender Zunge
Löst sich
Papier
Zieht durch den Schmutz
Verschwommener Spuren
Den Bach hinunter
Spuckt Lichterglut
In schwarze Pfützen

11.2.1992

Poster an der Wand

Ich nehme sie ab,
die eingestaubten,
flächenhaften Papiererinnerungen.
Ich nehme sie ab
und lege gefaltete Jahre
in meinen Schrank.

1989

himmel – nochmal

reiß dich zusammen
meinetwegen
weiß ich bescheid
so klar seh ich
durch dich
geschickte racheengel ziehen
mich zu verwunden

so bleib mir
fern
du nahes ziel
mit deiner falschen offenheit
kratzt sich dein schicksal
juckend unter meiner haut

aufrichtig sind meine lügen

wie diese nacht
erwacht ein vogel
bevor es graut
mit bittersüßen klängen
daß uns graut
zuckend
kriechen wir ineinander
liegen neben uns
welke blüten

Hände

In meiner Hand
Die liebsten, Kinderhände.
Mein Sohn legt seine Hand in meine.
Sucht Wände und Raum,
umkreist mit den Fingern Wärme,
funkt Sicherheit über die Haut.
Mißt seiner Hände Größe und Kraft.

Weihnachten

Kerzenfeuer ...
Augen tauchen aus den Seifenblasenkugeln.
In Kinderschuhen tanzte ich mit einem Mäuschen, lange.
Jetzt hab ich den Zauberer gefressen
Wie: der gestiefelte Kater!

Für einen Leiter

Karten für meine Kumpel,
vergessen im Schreibtisch,
ließen mir keine Ruh'.
Da nahm ich den Hörer und rief
Dich zum ersten Mal an.

„Für deine Gedanken und deine Sorge
Eine Rose von mir",
hast du gesagt am Telefon. –
So manchen Gedanken und manche Sorge
haben wir dann ohne Rosen geteilt.

Sag' ich Dir heute durchs Telefon:
„Kumpel, an einem Schreibtisch
die Menschen vergessen
ist ernster als fehlende Karten!"
Wirst du mir dann auch eine Rose schenken?

Sehnsucht

Aus „Gedichten für Eli Belojannis"

Ich will zurückkehren zu meiner Heimat.
und meine Heimat wartet auf mich.
Jahre, sehr lange Jahre sind verstrichen,
ohne daß ich ihren salzigen Atem in mich saugte,
ohne daß meine Augen blendete
der weiße Schaum ihres blauen Meeres
und ihr Licht, ihr unendliches Licht.

Ich will zurückkehren zu meiner Heimat!
Jahre, sehr lange Jahre sind verstrichen,
ohne daß ich um die Stunde des Sonnenuntergangs
verändert sah die tausend Farben ihrer Berge.
ohne daß ich sah entlang des Strandes
die Netze der Fischer ausgehängt
und ihre Barken zurückkommen im Morgengrauen.

Ich will zurückkehren zu meiner Heimat!
Jahre, sehr lange Jahre sind verstrichen,
ohne daß ich fühlte die Kühle der Tannen,
der Erde Atemluft von Heide und Thymian,
den heißen Geruch eines Mittags im Sommer.

Ich will zurückkehren zu meiner Heimat!
Jahre, sehr lange Jahre sind verstrichen,
ohne daß ich guten Abend sagte zu denen,
die sich mühen auf der Erde,
die gebeugt vom Tagwerk zurückkommen ins Dorf,
ohne daß ich ihre Arbeiter sah beladen die Schiffe
und abends in den Vorstädten das Lachen ihrer Kinder hörte.

Ich will zurückkehren zu meiner Heimat.
und meine Heimat wartet auf mich!
Es ist sehr lange her, lange Jahre, daß ich sie nicht sah,
und meine Seele ist schwer
von ihrem Bild voll Sehnsucht
Und dennoch habe ich niemals die Erde meiner Heimat verlassen.
Jahre, lange Jahre nur eine Wand
trennt mich von ihr. Nur eine Wand –

Erwachen

Wenn die Nacht den Tag
willkommen heißt,
kann ich ihren Gruß nicht sehen.
Das Morgenlied der Amsel
hebt mir die Augenlider.
Harmonieen der Nacht
verweben sich mit dem
Frohgesang des Vogels.

Ich seh in den erwachenden Tag
und hoffe
dich zu sehen

Elmsfeuer

Für Emma Rott

Seltsame Spannung
sagt sie und fühlt den Wind
vom feuchten Bergwald.
Schwer trägt er:
Die Felder atmen noch im Korn,
von Wiesen, gemähten, geht
letzter Duft der Blumen mit.

Dunkel gegen die Nacht lehnen
Häuser der Bergbauern.
Da springen auf die Giebel
Flammen,
irrlichtern,
züngeln nach oben,
schließen sich zur Korona
und –
fallen zusammen.

Elmsfeuer, sagt sie,
Geschenk dem, der es sah.
Dunkler ist danach
die Nacht.

Schmetterlingsbaum

Gleich Faltern zu Schmetterlingsbäumen
kommen sie
bunt und vielgestaltig:
die Erinnerungen.

Verweilen, wo Duft
ihnen Nahrung wird,
doch auch dort, wo Verblühtes
Tränen ahnen läßt,
setzen sie sich fest.

Schmetterlingsbaum,
ich freu mich,
daß die Falter Erinnerung
zu mir kommen.

Ich möchte ihnen
in Taghelle
und Nachtschwärze
begegnen.

*von rechts: Eva Schönewerk, Irene Werfel,
Klaus-Dieter Schönewerk, Frank Viehweg*

Glasbehälter

... rechteckig,
für Fische, Wasserpflanzen, Muscheln.
In meinem Zimmer aber
Haus für Tannenzapfen, die sich spreizen,
ockerfarben Eicheln, auch dunkelbraun,
Maiskolben goldengelb und
grün Platanenkugeln,
Birkenrinde leuchtet weiß,
Baumpilz und Frucht der Linde, grau
wie Tennisbälle,
aus stachligen Hüllen fallen still Kastanien.

Aufgehoben
Auf langen Wanderungen.
Wenn ich sie anseh, wird
mein Zimmer
winterfreundlich.

Tante Liesbeth

Tante Liesbeth stammt aus guter Familie. Sie organisiert gerne und bemerkt jedesmal, wenn wir einander besuchen, sie halte die Familie zusammen.

Ich glaube eher, sie herrscht gerne.

Im vorigen Jahr war's, als bei uns geschlachtet wurde. Schlächter Wulschke hatte sie aus der Waschküche, wo die Wurst gekocht wurde, getrieben mit den Worten: „Hast hie ock wat zu seggen?" Dabei hatte er wohl heftig mit dem Messer vor ihrem Gesicht herumgefuchtelt, daß sie schreiend aus der Tür gestürzt war. Tante Liesbeth hatte den Franz Wulschke damit angegangen, er sei mit den teuren Gewürzen doch etwas zu großzügig gewesen.

Ihr hinterher soll er auch schallend gerufen haben: „De Peper rekt ock no for di!"

Na, das war. Nun waren wir bei ihr. Samstag. Die Brühnudeln waren gegessen. Wir saßen noch bei einer Tasse Kaffee, als Tante Liesbeth sagte: „Kinder", und damit sprach sie alle an, auch die Großmutter, „genießt nun meinen Garten. Wir werden uns ein paar frische Kartoffeln aus der Erde holen, eigene Ernte, sozusagen!"

So kam es dann, daß die Großmutter, Tante Liesbeth, ihr Bruder, dessen Frau nebst Kinder in den Garten gingen, wo Tante Liesbeth Körbe, Säcke, Holzpantinen und eine Hacke verteilte.

„Ist der Aufriß nicht ein bißchen groß, wegen ein paar Kartoffeln?" fragte ich sie. „Mal sehen, was wir schaffen" und sie schaute über mich hinweg prüfend in die geschäftige Runde.

„Geh du nur mit der Hacke voran!" gab sie noch hinzu. Sie teilte alle und alles ein, ordnete, korrigierte – wir arbeiteten.

Bald sah ich nur noch Kraut und Kartoffeln, roch nicht mehr die frische Muttererde. Mir schmerzte der Rücken, die Handflächen waren schon gerötet und kein Lufthauch trieb ein Wölkchen vor die gleißende Sonne.

Hin und wieder hörte ich Tante Liesbeths Stimme und einmal flötete sie: „Ach, Kinder, ein herrlicher Tag mit euch!"

Am späten Nachmittag war's dann geschafft, das Feld abgeerntet. Sechseinhalb Zentner.

Ich setzte mich an den Holzschuppen, rauchte mir eine an und mußte wohl eingenickt sein. Irgendwann hörte ich Tante Liesbeth rufen: „Kinder, kommt essen!" Es gab Gulasch. Und eigentlich freute ich mich jetzt auch auf die frischen Kartoffeln. Tante Liesbeth servierte nahezu geräuschlos. Als sie dann lächelnd eine Schüssel mit dampfendem Reis auf den Tisch stellte, starrte ich sie an, sah und fühlte die Blasen an meinen Händen wachsen. „Reis", sagte sie mir später, „esse ich am liebsten!"

Zwischen zwei Wodka meinte ich zu ihr noch: „Und ich Makrelen", und ging schlafen.

Da träumte ich: Wir sitzen in einer Tischrunde beim Schlachtfest. Tante Liesbeth vor sich eine Schüssel mit Reis und drauf eine lächelnde Makrele.

Der Traum
Zur gleichnamigen Skulptur von Peter Makolies

Mein Ich schlief noch
Da ward's auch schon
Berührt
Gebettet in Hauch
Verborgen der Leib
Maße des Traumes:
Nichts, was ist
Manch Gewesenes
Schon Gewolltes
So kam ihr Lächeln
Zu mir.

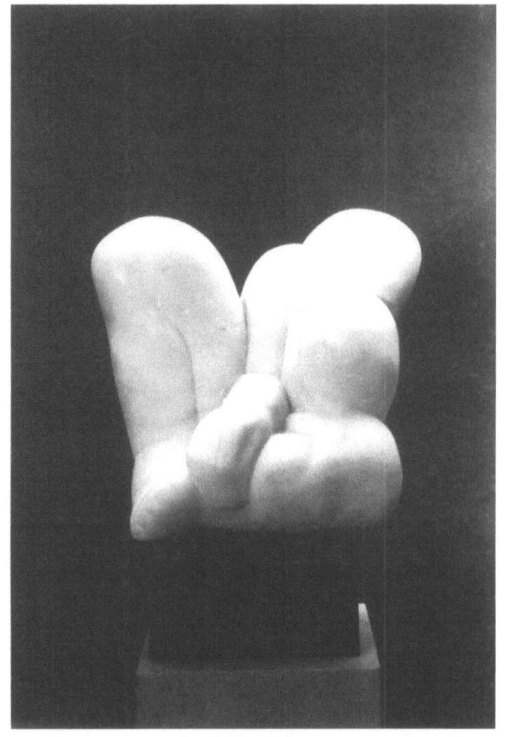

Peter Makolies: Der Traum
(Faksimile aus der Anthologie „Wenn Bilder reden", 1978)

Altes Berliner Haus

Schornsteingeäst. Tauben
hängen Netze
schwerer Flüge
in die Höfe

Von Steinen
bricht der Kalk, legt sich
eine Nacht
auf die Kastanie

Hoffnungen wanken morgens
durchs Tor
in Hundkotstraßen. Kugeln
sich davon

Simpler Morgen

Forellen springen
durch die Nebel, sterbend
ist die Nacht
ins Gras
gegangen

Die Seele saugt
ein Nichtmehrundnoch nicht
vom Tau

Ein Specht klopft
Schönberg auf dem Stamm
für mich.

Schorfheider Abend

Bleilichtig
senkt der Abend
sich in Kiefern, Schwalben
kämmen aus dem Tag
die Unrast

Fischwasser
tragen Wolkenbilder
zur Nacht

In Forsten wird
die sensible Welt
begraben.

Der Liebe genügt nicht

Der Liebe genügt nicht
die kurze Bekanntschaft,
dein Gesicht
ist nicht deine Landschaft

Wir müssen uns finden
in Nächten, an Tagen,
sich verbinden
heißt sich ertragen

Die Grelln oder Notizen über eine Bürgermeisterin

1.

Wer sie sucht, der kann auf den tonigen Oderbruchacker gehen, in der Rübenverziehzeit mindestens, da macht sie mit der Hacke einen Morgen. Jeder aus dem Dorf macht hier einen Morgen.

Man trifft sie auch in einem der Schweineställe, wo sich eine Bäuerin ausheult, weil der Mann mit der Geflügelzüchterin und so. Oder im Gemeindebüro, wenn sie mit Papierkrimskrams beschäftigt ist, mit Akten, mit dem, was in denen steht und auch nicht steht.

Sie ist Bürgermeister hier, die Elisabeth Grell. Die Grelln, wie die Dorfleute abkürzen, mit einem Ausrufezeichen, ein viel sagendes, viel offenlassendes Grelln. Sie ist Bürgermeister seit Jahren, war vorher Gemeindesekretärin, kennt sich aus mit diesem Stück Land, das Groß-Neuendorf heißt.

2.

In Kienitz, dem großen Nachbarn des kleinen Groß-Neuendorf, kam sie ein Jahr vorm Krieg aus der Schule. Pflichtjahr. Hochzeit. Mann an die Front. Sie war nicht in Kienitz, als am 31. Januar 1945 sowjetische Vorausabteilungen über die zugefrorene Oder kamen, einen Brückenkopf bildeten, den verbliebenen Kienitzer Frauen und Kindern auf das Ostufer halfen, um sie vor den Kämpfen zu schützen. Das Dorf, entdeckten Militärhistoriker viele Jahre später, ist das erste befreite der Republik. Die Grelln also war nicht dabei, sie war auf dem Treck damals, zwangsevakuiert, und auf dem Treck brachte sie ihre Tochter zur Welt. Sie kehrte zurück in das Bruch, und der Mann kam aus der Gefangenschaft. Sie wurde Kreistagsabgeordnete, er Vorsitzender der Genossenschaft in Kienitz, die Tochter Verkäuferin.

Mehr sagt die Grelln kaum über sich, höchstens noch: sie sei glücklich mit ihrer Arbeit in Groß-Neuendorf. Ein Glücklichsein, über das welche den Kopf schütteln oder hämisch grinsen.

Und die Grelln müht sich mit denen, wozu sonst ist sie Bürgermeister. Denn mit dem Denkmal allein ist es nicht getan, für das die Baubrigade der LPG den Sockel und die Volksarmee einen Panzer geliefert hat, denk mal – das ist hier wie anderswo mehr.

3.

Diese Frau hat eine nie erlahmende Initiative, die nicht jeder verkraftet, sie nimmt wenig Rücksicht, weil auf sie wenig Rücksicht genommen wurde, sie ist unbescheiden, weil sie sonst mit den Ansprüchen an sich nicht zurechtkommt, sie nimmt und gibt, greift zu und stößt von sich. Ich bin sicher, daß sie schon mörderisch geweint und alles verflucht hat, diesen Stuhl, auf dem sie sitzt, das Dorf, ihre Freunde, sich selbst. Mit Fünfzig hat sie noch die Kreisschule der Partei besucht, aber was ist das schon, wo im Kooperationsbüro grüne Bengels sitzen, die lachend ihre Diplome herumreichen. Und gesund ist sie schon lange nicht. Glücklichsein auf diese Weise zehrt und gräbt auch innen Falten.

4.

Kienitz und Groß-Neuendorf und andere Dörfer an der Oder haben inzwischen ihre Freundschaftstreffen mit Soldaten, ihre Urkunden im Wettbewerb, ihre neuen Straßen und Verkaufsstellen. Das hält die Grelln nicht ab, sich mit dem Jugendklub anzulegen. Die Gemeinde hat den jungen Leuten einen Raum gegeben und gute Ratschläge. Aber was zählen die schon. Nun haben die da angefangen mit schräger Musik und Bier. Es ist schwer, denen beizukommen. Tagsüber machen sie ihre Arbeit in Ställen, Werkstätten, auf Kombines, keine leichte Arbeit, die Arbeit von Fachleuten, abends aber sind sie wie ausgewechselt. Und dann macht sie einen aus, einen jungen Traktoristen, der kann mitreißen. Nach beiden Seiten.

Er fährt sich in der Kurve nach Kienitz mit seinem neuen Motorrad zu Tode. Solche Sachen. Wo doch die neuen Stalldächer in der Sonne blinken, die schweren sowjetischen Traktoren die Oderbruchhäuschen zittern machen, wo ihr Mann jetzt Vorsitzender von drei Genossenschaften geworden ist, die sich vereinigt haben zu einer. Die Grelln wird also weiter auf dem Acker, in den Ställen oder in ihrem Büro anzutreffen sein. Sie braucht ihr Groß-Neuendorf. Und dieses Dorf braucht seine Grelln.

Zeichnung von Siegfried Modrach

Der Grenzstein

hebt sich
Blaue Nelken
winken,
füllen den Krug
mit flüsterndem Gebet,
bittersüß
bis Hell und Dunkel
weichen

März 2014
von Ingrid Allsted

Abschiede

Der Salamandersommer ist vorbei –
Ich träumte, ihn mit dir erlebt zu haben –
Doch hat der Tage unendliches Einerlei
Mit unerwünschten Gaben mich begraben.

Die Freunde gehen einer nach dem andern
Ob sie es wollen oder nicht in kalte Erde
Und ich hab' wieder angefang'n zu wandern –
Allein – weil ich kein Element der Herde werde.

Und kann ich nicht mehr laufen, werd' ich fliegen,
wenn warm die Luft ist und schon regenschwer.
Den letzten Salamander nehm' ich mit ins Cockpit.

In der Kabine dröhnt dein Lieblingsrockhit,
mein Kopf wird leer,
doch Traurigkeit ist nicht mit Siegen aufzuwiegen.

4.12.2014
von astrid Salzmann

KDchen
14.2.1942-6.3.2014

Es lagen Nebel nass und schwer
noch auf morgenmüdem Land,
als ich meine Stimme wiederfand,
doch Worte hatte ich nicht mehr.

Vor fünfunddreißig Jahren sind wir uns am Wort begegnet,
an Vers und Reim, an Zeilenbruch und Zeile,
das Ringen um den besseren Text verband uns mehr
                                    aller Welten Seile
und ich war immer glückich, hast du meine Dichtung abgesegnet.

Ich weiß, du warst zuletzt sehr müde und allein
trotz Freundeskreis und lieber Menschen um dich her,
doch dieses Land war auch dein Land nicht mehr
und nur in deiner Lyrik konntest du noch schreien.

Ich wünsch dir Ruh, fehltst du mir auch so sehr
so lang ich lebe, werd ich bei dir sein.

aS 11.03.2014

Klaus-Dieter Schönewerk

Sie sprechen mit dem Anrufbeantworter von Klaus-Dieter Schönewerk. Er hört Ihnen zu und sagt Bescheid, wenn der Chef wieder erreichbar Ist. Sie müssen aber den Piepton abwarten. Dankeschön.

Wir müssen nicht mehr auf den Piepton warten,
fällt der Gedanke uns auch noch so schwer,
das Schicksal mischte neu des Daseins Karten:
vom „Chef" kommt keine Antwort mehr.

Unendlich war die Reihe unserer Fragen,
du wußtest Rat und gabst ihn jedem gern,
und jeder von uns kennt in diesen Tagen
den Schmerz, daß du uns nun so fern.

Nimm als Gewißheit mit: Wir machen weiter
In deinem Sinn, solang das Herz uns schlägt,
so bleibst im Stillen du uns Wegbegleiter,
denn was wir sind, das ist von dir geprägt.

März 2014
von Siegfried Modrach

KDs Erbe

Der Genius des Meisters lebt
Im Literatenhimmel Schnuck.
Hat uns aus seinem Geist gewebt,
Wie Shakespeare einst den Puck.
Wir sind die Elfen seiner Zunft:
Verwebt, vernetzt und wandelbar;
Sind Mittler zwischen Klang und Brunft,
Sind Rosen auf dem Hochaltar
Sind bunt aus seinem Holz geschnitzt
Und wild vom eignen Trieb besessen.
Sein Credo ward uns eingewitzt,
Sein Wort verkünden wir in Messen:
Untröstlich schreibend und erhitzt -
Zum ES nach liebendem Ermessen.

14.02.2017
von Reinhard Johannes

Klaus-Dieter Schönewerk

Wer sind wir,
Zirkel schreibender Arbeiter?

Seit fast fünf Jahren besteht in unserem Betrieb ein Zirkel schreibender Arbeiter in der Druckerei, in der Redaktion und im Verlag des Neuen Deutschland. Neue Mitglieder sind uns herzlich willkommen. Wir sprechen jeden an, der über die sozialistische Wirklichkeit an seinem Arbeitsplatz, in seinem Wohngebiet und in seiner Freizeit etwas aussagen und gestalten will: im Gedicht, in der Kurzgeschichte, in der Erzählung, in der Reportage. In jeder Art, die ihm, die ihr „liegt". Jeder, der mit des Wortes Waffe verändern und Hemmnisse überwinden will; jeder, jede kann uns seine Arbeit vortragen. Er oder sie kann sicher sein: Er findet sehr aufmerksame und bereits erfahrene Zuhörer, die offen und kameradschaftlich Änderungen vorschlagen, Hinweise geben, ihre eigenen, auch nicht immer leicht erworbenen Kenntnisse gerne weitergeben. Aus unserem Zirkel sind Literaturstudenten hervorgegangen; wir sind vor Kollegen der Druckerei und im Leistungsvergleich des Stadtbezirks Friedrichshain im Deutschen Theater, im Klub der Kulturschaffenden, im Kulturbund und in Schulen aufgetreten. Dichtungen und Nachdichtungen wurden im „Korrespondenten", in Gewerkschaftszeitungen und Fachzeitungen veröffentlicht oder im Rundfunk ausgestrahlt. Einige Arbeiten wurden im Speisesaal ausgestellt und schließlich brachte der Zirkel seine Anthologie „Worte am Weg" heraus. Also, wir erwarten euch Schreiber der Brigadetagebücher, Schreiber der Wandzeitungen und natürlich die Mitarbeiter des „Korrespondenten!" Überlegt: Wer sein literarisches Schöpfertum im Zirkel entwickelt, gewinnt damit den Schwung, sein Fachwissen schöpferisch an seinem Arbeitsplatz zu entfalten. Wir tagen alle 14 Tage in der Friedrichsfelder Straße 25. Wer will, melde sich bei Kollegin Regina Brunsch! Kommende Schreiber, wir sind auf euch neugierig. Ihr wollt uns kennenlernen, wir wollen euch kennenlernen, also kommt!

Horst Meyer
Mitglied des Zirkels schreibender Arbeiter

Rennsteigwanderung

Wir bieten 2 Plätze des FDGB-Feriendienstes für eine Rennsteigwanderung vom 11. bis 25. 7. 1977 an. Je 3 Tage in Steinbach, Brotterode, Schnellbach, Oberhof, Frauenwald, Masserberg und Ernsthal. Verpflegung in FDGB-Heimen. Ein Koffer je Person wird von Ort zu Ort per LKW transportiert. Je Platz 85,— M. Interessenten melden sich bitte im Zimmer 105.

wird als innerbetriebliches Mitteilungsblatt der Leitung der Druckerei Neues Deutschland 28täglich herausgegeben. Redaktionskollektiv für diese Ausgabe: Eckart Starke, Anke Richter. (140) 2647

Artikel von Horst-Heinz Meyer,
Betriebszeitung der Druckerei Neues Deutschland, 1977

Lesung im Zirkel
Jan Koplowitz (Mitte), rechts W. Schwieger

Gedichte von Zirkelmitgliedern zu Kunstwerken
der VIII. Kunstausstellung der DDR 1980 in Dresden

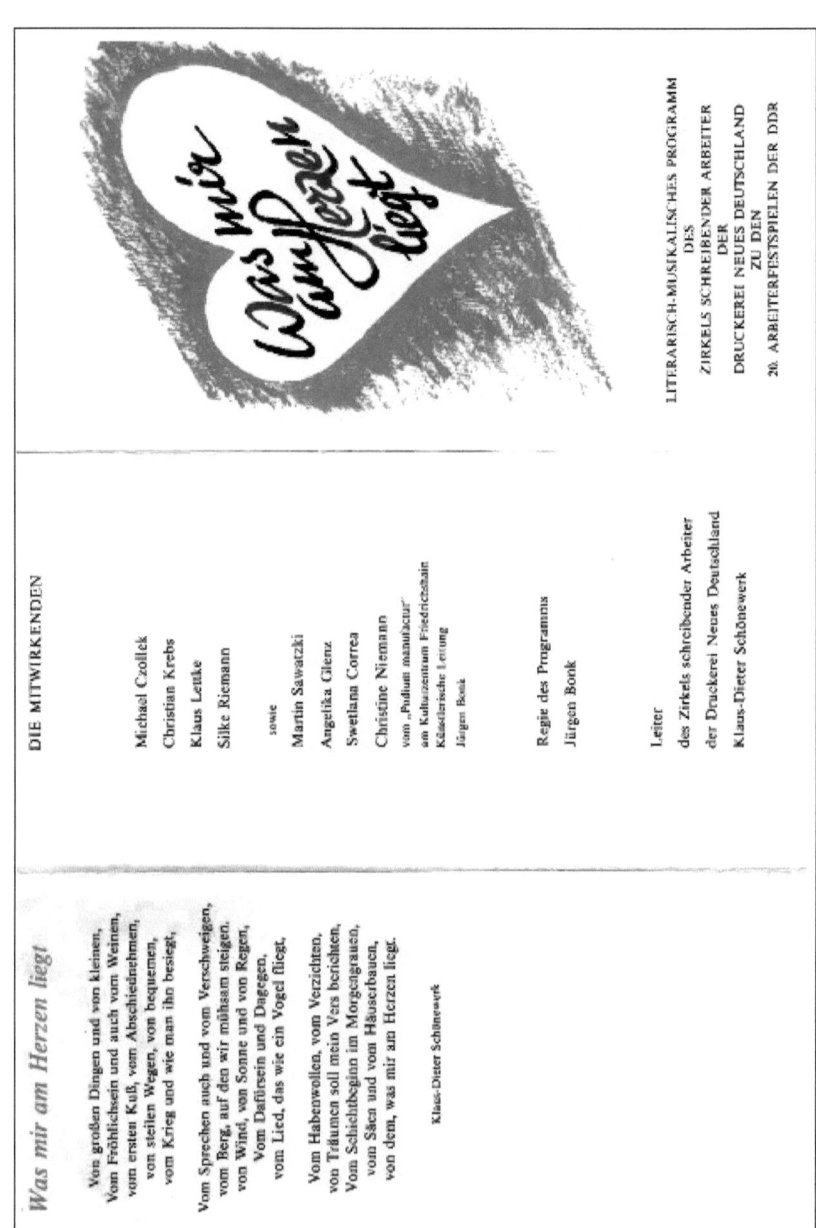

Was mir am Herzen liegt

Von großen Dingen und von kleinen,
Vom Fröhlichsein und auch vom Weinen,
vom ersten Kuß, vom Abschiednehmen,
von steilen Wegen, von bequemen,
vom Krieg und wie man ihn besiegt,

Vom Sprechen auch und vom Verschweigen,
vom Berg, auf den wir mühsam steigen.
von Wind, von Sonne und von Regen,
Vom Dafürsein und Dagegen,
vom Lied, das wie ein Vogel fliegt,

Vom Habenwollen, vom Verzichten,
von Träumen soll mein Vers berichten,
Vom Schichtbeginn im Morgengrauen,
von Säen und vom Häuserbauen,
von dem, was mir am Herzen liegt.

Klaus-Dieter Schönewerk

DIE MITWIRKENDEN

Michael Czollek
Christian Krebs
Klaus Lettke
Silke Riemann

sowie

Martin Sawatzki
Angelika Gilenz
Swetlana Correa
Christine Niemann
vom „Podium manufactur"
am Kulturzentrum Friedrichshain
Künstlerische Leitung
Jürgen Bonk

Regie des Programms

Jürgen Bonk

Leiter
des Zirkels schreibender Arbeiter
der Druckerei Neues Deutschland
Klaus-Dieter Schönewerk

LITERARISCH-MUSIKALISCHES PROGRAMM
DES
ZIRKELS SCHREIBENDER ARBEITER
DER
DRUCKEREI NEUES DEUTSCHLAND
ZU DEN
20. ARBEITERFESTSPIELEN DER DDR

Programm zu den 20. Arbeiterfestspielen

300

PROGRAMMFOLGE

KLAUS-DIETER SCHÖNEWERK
Was mir am Herzen liegt

CHRISTIAN KREBS
Wenn ich dieses Land ... (Lied)

DIRK HEILAND
Provokation

RENATE RIMPLER
Abschied

HENRY-MARTIN KLEMT
Aus Friedens-Alphabet

MICHAEL CZOLLEK
Kein schöner Land (Lied)

ELKE HÄUSLER
Berlin – Leipziger Straße

EVA SCHÖNEWERK
Schlafengehen

MICHAEL CZOLLEK
Ein Mann über 70 (Lied)

ASTRID BÖHME
Wenn ich schreibe

KLAUS LETTKE
Über die Kunst des Zuspätkommens

Aphorismen

INGRID ALLSTEDT
Ehe- und Sexualberatung

KLAUS LETTKE
Stummes Gespräch im Bus

MICHAEL CZOLLEK
Bilanz

PROGRAMMFOLGE

SILKE RIEMANN
Manchmal (Lied)

DORIS LUHNBURG
Weshalb ich für dich kein Gedicht schreibe

DORIS LUHNBURG
Harmonie

KLAUS LETTKE
Geh-Zeiten

DORIS LUHNBURG
Eifersucht

CHRISTIAN KREBS
Sommer 83 (Lied)

ARNO WIENICKE
Neues liegt

ELKE HÄUSLER
Zeltplatzdisko

RENATE RIMPLER
Buchenwald

HORST-HEINZ MEYER
Vor dem 21. November 1983

JÜRGEN MOLZEN
Frieden

KLAUS LETTKE
Von Frau zu Frau
(Gespräch von Kabarett „Die Cottbus-Treffer")

DIRK HEILAND
Ein Land

SILKE RIEMANN
Ich habe euch verstanden (Lied)

PROGRAMMFOLGE

ARNO WIENICKE
Vom Schreiben

JÜRGEN MOLZEN
Zirkelabend

WERNER KLOPSTEG
Pädagogischer Erfolg

JÜRGEN MOLZEN
Irrtümer

KLAUS LETTKE
Ganz einfach

KLAUS LETTKE
Blinder Passagier

CHRISTIAN KREBS
Das gelbe U-Boot (Lied)

KLAUS LETTKE
Vorfreude

HENRY-MARTIN KLEMT
Brief von der Trasse

HENRY-MARTIN KLIMT
Lied von den Händen

HORST-HEINZ MEYER
Heimkehr 1949

MICHAEL CZOLLEK
Sage niemals (Nachdichtung, Lied)

– Änderungen vorbehalten –

Programm zu den 20. Arbeiterfestspielen

Abteilung Kultur und Bildung   Berlin 25. 11. 1985

D i s k u s s i o n   zum musikalisch-literarischen Programm
des Zirkels Schreibender Arbeiter bei der ND-Druckerei
"Daß Du mich liebst..."

Aufführung anläßlich des 8. Qualifizierungslehrganges für gewerk-
schaftliche Kulturkader am 11. 11. 1985 im Ferienobjekt des
VEB SKL in Klingemühle in Vorbereitung auf die 21. Arbeiterfest-
spiele der DDR.

Schwerpunkte der Diskussion:

contra: – Warum Liebesprogramm im Jahr des XI. Parteitages und
            des 100. Geburtstages E. Thälmanns als Berliner Beitrag
            zu den 21. Arbeiterfestspielen?
            Gibt es nicht bedeutendere Themen?

         – Problem 'Liebe' wurde zu stark auf Sexualität reduziert,
            starke naturalistische bis pornografische Gestaltung
            der Texte:
            "... Liebe ist mehr als Sexualität!" (Mehrzahl)

         – Feinfühligkeit wird vermißt; "... das Gefühl bleibt
            draußen..."; "... wo gibt literarisch besser bewältigte
            Liebesprogramme..."

         – Gefühlsarmut ist nicht symptomatisch für die Liebe der
            Menschen in der sozialistischen Gesellschaft. –
            Wo bleiben die positiven Aussagen zum Problem? (fast alle!)

         – einige Texte waren literarisch unreif (z.B. "Festival")

pro: – Liebe gehört zum Sozialismus ebenso, wie die "10 Punkte
            der ökonomischen Strategie"

         – mutig wird ein Thema angegangen – dies verdient Lob.

Kritik am Programm des Zirkels

302

Nachwort

„Übergeschrieben?" (KD-Sprech:) gibt's nicht, aber: „Das entwickelt sich, Genossen Bauern .."

1991 hast Du, mein Reijoh (Reinhard Johannes), mich in den Zirkel geschleppt, und Ihr habt es eingemeindet, das Wessi-Greenhorn im Schmauch der Annektöre, da holte der Kalte Krieg gerade wieder Luft.

Reinhardli (so nannte ihn KD) hat im Vorwort eine Ahnung vermittelt vom Ticken der Schreibenden Arbeiter. Die tagen heute noch jeden zweiten Donnerstag im Druckhaus des Neuen Deutschland (ND); Sie finden uns dort. Auch Klaus Lettke, letzter Zeuge der Ursitzungen ab 1972, hat vorne gesprochen.

Die lange genug dabei waren, Ingrid, astrid, Sigi, Cora, schwärmen von den Arbeiterfestspielen 1986 in Magdeburg, der Hauptstadtzirkel war delegiert. Ich kam zu spät, mich bestrafte die Staffelmiete. Uns Frischlingen nach der Misswende (Gorstij-Gejncij) blieb die Alte Feuerwache an der Weberwiese, letzter Großeinsatz, 2002, dokumentiert in Bild und Ton.

KD und seine Eva sind nicht mehr bei uns, darum das Buch hier, sein letzter Wille.

Dann starben uns die Alten weg, unsere Hausgenies:
– Martin Pohl, Herrnhuther Brudergemeine, Brechtschüler und Ghaselenreformer; er starb 2007 in Neubrandenburg.
– Horst-Heinz Meyer, Norwegen-Emigrant, Übersetzer aus *Krokodil* und *Literaturnaja Gaseta*. (Elviera Thiedemann gab sein Lebenslesebuch heraus: *Wir hatten noch Zeit, an die Liebe zu denken).*
– Alois Hallner, „Loisl", Arzt in Stalingrad, Krebsforscher, Pathologe an der Charité „Familienerotiker".
– Frank Schleinstein, „fischl", Film- und Theater-Regisseur und begnadeter Dichter.
– Dora Schäfer, Jg. 1903 und seit mehr als drei Jahrzehnten nicht mehr unter uns, Anthologieälteste mit einem Chanson Ende der 20er Jahre – ich hätte sie kennenlernen können, wäre ich rechtzeitig rübergemacht.

Nicht mehr greifbar ist Levan Beridze; lest im Internet nach: *Fedora,* starke Erzählung, Reinhardli hat sie gerettet.
– Auch Kibin mit seinen Holz-skulptürchen ist uns verschollen: Nicht nur Grauwert haben wir gedichtet. *Im Himmel ist*

Jahrmarkt / die Erde ist blau ... KD hat das Lied der Frau Lange für ihn noch gehört und geprüft.

Worte am Weg; *Nach Sila-Sula und zurück*; *Wenn Bilder reden*; *Zwiefach ist die Wirklichkeit*; *Wurzeln und Triebe*, ... das Beste aus der Frühzeit; Petra (Klingl), Du hast sie im Blick, Restexemplare der ersten Zirkelanthologien lagern bei Dir.

Seid bedankt, die Ihr mehr fürs Kollektiv getan habt als Schreiben: Wir stehen nicht im Vereinsregister, aber spuken im Hyperraum: slov ant gali betreut unsere Webseite, und er hat sich den Bart wachsen lassen, damit der kommissarisch den Zirkel leitet.

Liebes Marlies, seit 2002 dabei, hast Du die rumgereichten Kopien aufgehoben, auch frühre Bücher der Zirkuläre zusammengetragen. Du hast Baufreiheit geschaffen, das Fundament gelegt von A bis Z, die Löcher im Dach geflickt und immer ein Öhrchen für die Seelenpiepse der Schreibmenschen.

– Ingrid: Jou, das war nicht Pätz am See, dichten wie's Magazin Euch schuf, und Werner Schwieger, zeichnender Studienrat, mit seinen feinen Porträts. Das waren Dutzende Subbotniks, bei laufendem Haus- und Laubenwesen: Du hast dem Memorial seine Gestalt verliehen, KDchen auf der Zunge.

– Henry-Martin: KD wurde Dein Mentor, da warst Du noch Schüler. Freier Schriftsteller jetzt, und das mit Familie, Du traust Dich was in der Kapitalistik. In zwei Tagwerken hast Du den Rohling USB-account-rangiert. Auch hütest Du KD's und Evas Nachlaß, hast beider Gedichte herausgegeben. – Ich kam zu spät, mich fordert das Arbeitsamt. Dank meiner Zuständigen: sie tut es mit Umlaut.

40 Jahre, 40.000 Blatt, rundbesprochen, KD-letztgeschlifft, mehr als 100 Schönewerkarbeiter, in ca 4.000 poetischen Aufbaustunden: *Ihr Völker dieser Stadt!* Treffpunkt: Besseres Deutschland. Unser Bundeslied, unter Ingrids Pflaumenbaum zu singen, Pompi (Andreas Pomp) an der Gitarre – oder sind's Äpfel?: „Laßt uns um Sankt Marie die See" / Der Kampf geht weiter, wahr, KD?

„Mögest Du haben können gesprucht: So weit so grün."

Herbert Laschet Toussaint
Berlin, Januar 2018

Quellen

Texte aus den Manuskripten der Autoren.
Einige sind bereits veröffentlicht; u.a. in:

Zeitschrift DIE BRÜCKE – Forum für antirassistische Politik und Kultur, verschiedene Jahrgänge, Saarbrücken

Zwiefach ist die Wirklichkeit, kd Selbstverlag nicht-professioneller Autoren GmbH., Berlin 1991

Mondmund & Berggeist, Verlag neunzig, Berlin 1990

JA, LACHESIS ..., *Ritter Verlag, Klagenfurt und Wien 2001*

Zeitschrift *Gedichtekarussell*, Heft 1, Berlin Mai 2008

Nur ein Erinnern traumumflort, federchen Verlag, Neubrandenburg 2002

Gedichte 1950 – 1995, Martin Pohl, UVA-VERLAG, Berlin 1990

NACH SILA-SULA UND ZURÜCK, Druckerei ND, Berlin 1990

Worte am Weg, Druckerei ND, Druck E/543/75, Berlin 1990

Wenn Bilder reden, Zirkel schreibender Autoren, Druckerei Neues Deutschland, Druckgen. Nr. B/50 Berlin 1980

Seltenes spüren, Gedichte, Edition Zeitsprung, Berlin 2014

NORA Verlagsgemeinschaft Dyck & Westerheide, 1. Auflage Berlin 2009

Wir hatten noch Zeit, an die Liebe zu denken ..., trafo verlag, 1. Auflage, Berlin 2001

wurzelland.wo, Gedichte, H.-M. Klemt, books on demand Berlin 2016

eine rosa seidenbluse und *Es ist nie ein anderer Ort* Rhombus-Verlag, Bernhard Reiser, Berlin 2010 und 2012

Geliehener Ort, deutsch-russische Nachdichtungen Edition Zeitsprung, Berlin 2016

Zu den Autoren

Ingrid Allstedt	1947 in Berlin; Diplomjuristin, Richterin
Reinhard Busch	1978; Diplom-Ingenieur
Stefan Butt	1963 Schauspieler, Archivar, Stadthisroriker in Berlin
Michael Czollek	1959, Kulturinstrukteur, FDJ-Kreisleitung in Marzahn
Andreas Diehl	1951 in Eilenburg/Sachsen; Archivar
Ursula Eichelberger	1935 in Berlin; verschiedene Tätigkeiten, Journalistin
Hanna Fleiß	1941 in Berlin; Rentnerin
Maik Forberger	1978 in Berlin; Journalist
Robert Göbel	1932 in Dresden-Gotta, Berufssoldat in der NVA, Diplomingenieur, Verwaltungsleiter im Kunstgewerbemuseum Schloß Köpenick
Ashraf Golpaigani	1952 Malerin u. Galeristin
Tien Hung Gurst	1955 Vietnam; aufgewachsen in der DDR
Alois Hallner	1919 in Wien; Medizinstudium, Arzt in Stalingrad, (Kessel u. Gefangenschaft), Krebsforschungsinstitut (Wien), 1957-1985 Humboldt-Universität, Charité Berlin
Reiner Hellige	1951 in Halle; Betriebsschlosser, Diplomlehrer
Sebastian Himstedt	1981 freier Journalist
Erhard Hornschuh	1910 in Magdeburg; Industriekaufmann, Parteifunktionär
Reinhard Johannes	1954 in Greiz; Facharzt für Neurologie/ Psychiatrie

Robert Klamann	1966 Therapeut
Petra Klingl	1957 in Suhl; Tierpflegeri im Staatszirkus der DDR, Vollzugsbeamtin, Vorstandsmitglied der HAIKU- Gesellschaft
Henry-Martin Klemt	1960 in Berlin; Ehrendienst bei der NVA, Offsetdrucker, freier Schriftsteller
Ulrike Künkel	Assistentin für Biotechnik
Andreas Lenzmann	1964 in Wien; Diplom-Journalist, Konsulent für Kommunikation
Klaus Lettke	1938 in Chemnitz; Elektromonteur, Schriftsteller
Doris Luhnburg	1953 in Mahlow; Buchhändlerin
Beatrice Magdon	1972 Studium der Kulturwissenschaft, Schulbibliothek, Verlagsbuchhandlung
Horst-Heinz Meyer	1914 in Berlin; Norwegen-Emigrant, Redakteur, Journalist, Dolmetscher
Siegfried Modrach	1935 NVA-Offizier, stellvertredender Cheflektor im Militärverlag, Journalist
Lia Mößner	1929 in Wurgwitz/Sa.; Verwaltungsangestellte
Jürgen Molzen	1943 in Berlin; Betriebsschlosser, Kriminalist
Seeliah Nahst	(Pseudonym); 1961 Ärztin
Petra Namyslo	1954 Senatsangestellte pädagogisches Zentrum, Tierschutz.
Uwe Nietzold	1965 in Berlin; Jurist, Fernsehfacharbeiter
Hendrik Peeters	1980 Geschäftsführer f. Softwarentwicklung, Hamburg
Martin Pohl	1930 in Festenberg/Schlesien; Redaktions- assistent, Schüler von Bertolt Brecht, Schauspieler, Regisseur

Jürgen Polinske	1954 in Potsdam; Obermagaziner der Zentralen Bibliothek der Humboldt-Universität
Andreas Pomp	1952 Mathematiker, lebt in der Schweiz
Chris Rautenberg	1987 Maler, Tacheles-Aktivist
Katrin Reikowski	1966 Gärtnerin
Inge Ruschke	1943 Bibliothekassistentin
Marianne Sämisch	1923 in Markranstädt, Staatsanwalt, Justitiar der ND-Druckerei
astrid Salzmann	1960 in Dresden, Diplomchemikerin, Bestatterin, heute Pflegehelferin
Doris Schäfer	1903 in Berlin, verschiedene Tätigkeiten
Frank Schleinstein	1955 Regisseur für Filme und Theater
Marlies Schmidl	1934 in Berlin; Kunstgeschichte, Leiter der Kurververwaltung Grünheide und der AWA, Ressort Diskotheken, Berlin; Mitglied der Zentraljury der DDR, stellvertr. Galerieleiterin
Eva Schönewerk	1946 in Kranichfeld; Lehrerin, Zirkelleiterin im FEZ Wuhlheide
Klaus-Dieter Schönewerk	1943 in Greußen; Diplom-Germanist, Kunstwissenschaftler, Redakteur, Gründer und Leiter des Friedrichshainer Autorenkreises
Werner Schwieger	1913 Studienrat
Marion Sekulla	1952 Ökonomin
Wolfgang Selchow	1958 in Berlin
slov ant gali	(Pseudonym) 1955 Lohnsteuerfachberater, Schriftsteller
Cora Tanau	(Pseudonym) 1952 in Oelsnitz/Voigtland; Diplom-Physikerin

Elviera Thiedemann	1951 Lehrerin
HEL Toussaint	1957 in Eupen /Belgien; Museumsaufsicht Neue Synagoge; Winterdienst, Betreuung Blindenwohnstätten, Sportassistenz
Frank Unfug	Pädagogik-Studium Kunst/Deutsch, Lehrer, Blogger
Ursula Weiland	1932 in Salzwedel; Altmark, Bibliothekarin
Irene Werfel	1944 Pädagogin
Arno Wienicke	1941 in Baruth; Diplom-Ingenieur
Werner Wühst	1943 in Risa/Sachsen; u.a. Redakteur

Inhalt

Bücher zu Eva und Klaus-Dieter Schönewerk, ebenfalls bei BoD-Books on Demand Verlag, Norderstedt erschienen:

Liebe muss der Wahrheit Schwester sein

Eva Schönewerk: Die Gedichte
Herausgegeben von Henry-Martin Klemt
Paperback, 314 Seiten / 14,00 Euro
Berlin 2016
ISBN 978-3-7392-2438-1

... Aber man sieht eben nicht nur mit dem Auge. Wenn die Seele, warum auch immer, sich nicht geöffnet hat, dringt nix ins Bewusstsein. Und das geht schnell, wenn alles verstellt ist von Sorgen und Problemen. Ich glaube, dass ich deshalb schon immer schreibe – sehen wollen, die Seele freimachen für das, was vor ihr, um sie herum ist, eine tiefe Art Entspannung, in der sogar Schmerz eine sanftere Form annimmt ...

Museum für Wunder

Klaus-Dieter Schönewerk: Die Gedichte
Herausgegeben von Henry-Martin Klemt
Paperback, 232 Seiten / 10,00 Euro
Berlin 2016
ISBN 978-3-7392-2476-3

Klaus-Dieter Schönewerk (1942-2014) wusste um den dunklen Ton in sich, der von Anfang an da war. Er haftete sich den Dingen an, die er immer wieder beschrieb: Nacht, Gras, Wind, Straße. Natur und Gesellschaftlichkeit durchdringen einander bei ihm nicht in vordergründigen Metaphern, aber eines ist immer im anderen präsent. Dazwischen der Mensch in seiner Kreatürlichkeit und in seiner Sehnsucht nach Nähe. Nicht nur dem Ungesagten, auch dem Unsagbaren eine Stimme leihen, das war Dichtung für ihn: der Schmerzlaut, die Klage über eine unüberwindliche Distanz. Die Welt zu kennen, galt ihm nicht als Gewähr, sie zu genießen, sondern ihr zu entrinnen, ihren Erwartungen, ihrem Drängen auf Zugehörigkeit, Hörigkeit gar.

Mit den hier veröffentlichten mehr als 180 Gedichten findet der Thüringer als Lyriker endlich den verdienten Weg in die Öffentlichkeit.

Impressum

© Copyright:
Friedrichshainer Autorenkreis, ehemals
Zirkel schreibender Arbeiter im Neuen Deutschland,
herausgegeben von
Herbert Laschet Toussaint

© Copyright der Texte und Bilder:
bei den Autoren, Fotografen und Künstlern

© Titel-Aquarell: Siegfried Modrach

Auswahl und Redaktion:
Marlies Schmidl, Herbert Laschet Toussaint
Satz, Layout:
Ingrid Allstedt, Henry-Martin Klemt
und Svea Haske

Die Deutsche Bibliothek verzeichnet diese Publikation
in der Deutschen Nationalbibliothek http://dnb.ddb.de

Herstellung und Verlag:
BoD – Books on Demand
Norderstedt, 2018

ISBN 978-3-74602491-2